省出一棟房

24招易上手的存錢絕技

目　錄

東龍不動產董事長／王棟隆

年代向錢看主持人／陳凝觀

跨界王／黃子佼

（按姓氏筆劃排序）

相信，你也能做到

看見三弟泰源出了第二本書，我既感動又開心。就如同我之前曾經不相信的一句話，前輩說，出過第一本書的人，不會只有一本，後來，我相信了，相信泰源現在也信了，完成一本書真的不容易，恭喜泰源，你又做到了。

尤其這是一本真實經歷的書，我隨著泰源經歷的人生，跟著揪心，時而替泰源擔心，也看著泰源在經歷每個挑戰之後，悟出了許多值得學習的方法。從負債 380 萬，到靠自己努力擁有屬於自己的房子，這很困難嗎？當然，實在很不簡單。我想泰源一路走來，點滴跟感受都在心裡，也因此醞釀

成了這本書，所以泰源在每個經歷之後，都有一段「ㄓㄨˋ你省下買房金」，裡頭把他體悟的省錢方法條列出來，一目了然。從負債到擁有一間房子本來是一個困難且充滿挑戰的任務，有方法，有路徑，突然感覺簡單許多，讀者只要按表操課，就可以跟泰源一樣成功大翻身。

泰源的妙招實在太多，而且有趣，像是生日餐會可以拓展人脈跟儲備生活物資，泰源的餐會我參加了好幾次，原來除了省錢，還可以省時，泰源找機車位時也是用時間的概念去評估。人家說，財富自由，財富只是手段，時間自由才是目的，大家看了就會明白這個道理。

同時，泰源真的是一個重感情的朋友，生命中許多朋友也都出現在書裡，讓我非常擔心會怎麼寫我，所以跟作家當朋友是很可怕的一件事，但我不怕，因為我也是作家，哈哈。三弟，二哥祝福你大賣，也祝福這本書的讀者，都跟泰源一樣，成功買到一間屬於自己的房子。

—— 包租公律師／蔡志雄

首先感謝泰源的邀約，有機會將他的經歷一睹為快，我也從本書中學習到很多累積財富的概念及方法，可說是「含金量」很高的一本書。

書中透過作者的經歷，介紹了很多日常生活上的省錢妙招，小資族累積財富的心法，以及本業累積經驗後如何放大效益，另外也分享了如何透過斜槓工作賺取收入。內容扎實，但是風趣的筆觸，讓人讀起來格外輕鬆。對小資族來說，很多方法都可以馬上直接在日常生活中實行。

本書闡述了作者在財務上慘痛的經驗，痛定思痛後的學習，以及人生逆轉勝的關鍵。

整本書充滿了滿滿的正能量，作者不藏私地把數十年的真實經驗都分享給你。如果你正愁著如何開始理財，對自身財務規畫還摸不著方向，或是小資族想開始邁開累積財富的步伐，我都強烈的推薦你藉由這本書開啟理財意識，並起身行動！

—— 小資理財部落客／沐妮

很多人看到「幾年存多少錢」的文章時，都會說：一定是他收入高、一定是靠爸媽……諸如此類的評論，但每個人的收入本來就不同，如果只關注這些東西，對於資產的累積一點幫助都沒有，重點是學習正確的理財觀念及實用的省錢招數！

在這本書中，泰源用他親身經歷的故事，不藏私地跟大家分享他許多特別的省錢撇步，除了可以讀到有趣的人生經驗外，也能從中學習那些有別於「高大上」的省錢好招，實用又接地氣，對於想要存錢卻苦無方法的小資族來說，是非常好的入門床頭書。

不會投資沒關係，先學會省錢，存下錢之後，透過理財，就能慢慢累積荷包的厚度，甚至也能達成買房的夢想！我想，泰源就是最好的例子。當然，佑佑還是要鼓勵大家，賺錢、省錢、理財都很重要，如果可以，投資也不要放棄。我們和泰源一起努力，邁向財富自由吧！祝泰源新書大賣、本業一直冒泡！

——《佑佑努力記 3 年從零存款到百萬》作者／林帝佑

自序

從負債到買房的十年逆轉勝

2020 年初武漢肺炎爆發，疫情對全世界的經濟帶來巨大的影響，觀光產業更是首當其衝。減薪、裁員、倒店潮，一波波衝擊各大商圈及夜市，與此同時台灣的股市、房市、匯市逆勢飆漲，與民眾的實際感受有明顯落差，讓小資族、窮忙族的「相對剝奪感」加劇。

　　某夜深思，使命感油然而生，便決心要把我過去 10 年來，從負債→還債→省錢→存錢，最終至買千萬房的心路歷程記錄起來。藉此提供理財的觀念，期盼每位有心努力的你，在收入不變甚至減少的情況下，還能存下比以往更多的錢。

　　小時候，只要伸手媽媽就會拿零用錢給我，就學時期完全不知道什麼叫做「為錢煩惱」，這樣的講法或許有點臭屁，卻也害得我長大後繳了不少社會學費。現在回頭想想，若從小處在貧窮的環境或許反而是件好事，起碼能養成「低度消費」的習慣。

　　我在 2010 年參加民進黨台北市議員黨內初選落敗，因而負債 200 萬元；轉戰房仲後的第一年（2011 年）又

被公司的店長騙了 100 萬元；再加上 2014 年發生了交易糾紛須賠 80 萬元，人生負債總額最高達 380 萬元。還沒完，我曾高估自己的賺錢能力，在 2012 年買了 2 萬美元的 6 年期儲蓄險保單，上述種種，讓我過去處在多重高壓生活，也曾經歷過去夜市兼差當洗碗工。

如今，負債已還清，保單期滿且複利滾存中，更重要的是，我在從業的第 10 年終於靠著自己的努力，買到了人生的第一間房子，成就解鎖的激動難以言喻！我不再因經濟壓力而被迫打零工，相反的，有了充足的糧草，讓我有更多的時間可以運動及閱讀，不僅找回健康也讓心靈成長，當然，還有寫作築夢，也就是你正在看的這本書。

27 歲以前，我對「錢」毫無概念，至今的我仍不懂何謂「投資」，但從我的例子就能得出一個不變的真理，那就是：光是把「省錢、存錢」這門學問發揮到淋漓盡致，其實就已具備人生逆轉勝的能力。

想過別人想過的生活，就得先過別人不想過的生活。曾經過著近乎自虐的勤儉歲月，造就了我對「錢」別有一

番心得。營造「貧窮感」,用「負債心態」加快存錢的速度,你的消費行為將變得很不一樣!

　　願這本書可以幫助你少走一些冤枉路,更期盼能激勵你堅持走正途,把賺來的錢留住,別不自覺地花掉。連我都做得到,你也一定可以。

第一步

心法

養成正確觀念

你必須經歷過什麼才能感覺錢在流動？

　　談存錢、省錢之前，你必須先對錢在「流動」有感覺。所謂的感覺，並不是指你花錢買東西時，有一種交換或得到的那種感覺，而是你將會開始正視「錢與你的未來及退休大有關係」。

　　大多數人，都是透過慘痛經驗才知道錢的重要。常見的案例是，胡亂投資認賠收場，不然就是創業失敗。就像廚師以為只要會做菜就能開店，卻忽略做生意也是一門學問，不論是行銷策略與服務，還是人事管理與記帳，包含水、電、瓦斯、食材成本等支出，這些難題都會壓垮廚師的熱情。

　　我因為不懂投資，所以沒碰股票與基金，至於創業，在還沒有進展到那個階段前，我就已經得到教訓了。

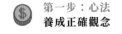
為了理想當志工

在我當兵退伍後沒多久，某日一位政治圈友人慫恿我從政，說現在的選民都很願意給年輕人機會，加上她承諾一旦我參選必定大力幫忙。滿懷理想的我，輕易地被煽動便決定邁向選舉之路，在公關公司當了 3 個多月的助理後就毅然辭職了。

我思考，若少了政黨的加持（無黨籍）很難選上，所以在大選之前，我必須贏得政黨的初選才行，只是該如何進行下一步呢？既然是黨內初選，黨員自然重要，我又要去哪取得黨員們的聯繫方式呢？

於是，我在前長官游錫堃（現任立法院長）的引薦下，來到了民進黨台北市黨部擔任青年組的組長，但因為黨部根本沒缺人，我只能接受「無給職」。也就是說，我可以利用黨部的資源跟職稱來招搖撞騙，啊不是！是累積政治資本。但，我必須在「完全沒有收入」的前提下進行。

我不是勇敢，而是天真的以為「誰說選舉一定得花大

錢」，加上我大學時有主持兒童節目存了些積蓄，我相信，只要省著花並撐到最後，爸媽鐵定會心疼我而出手相救。就這樣，我在完全沒有財務規劃的情況下，進行了長達 2 年的苦日子。

在黨部工作由於是「志工」所以上班彈性，因此我還去兼差當臨時演員，除了可以賺外快及曝光，還有免費便當可以吃。其餘的時間我拿來鍛鍊文筆，對政治時事撰文發表看法，並數度投稿成功拓展知名度。

不花錢的行銷工具：網路

除了臨演與投稿，我也利用過去在公關公司所學到的網路行銷，以及大學時期累積的主持功力，結合起來發揮創意。

在取得黨員名冊後，我在 Youtube 創立《黨員大聲公》節目，開始逐一約訪黨員們，邀請他們對時事表達看法。由於我代表黨部，拜訪起來自然無違和感，對黨員們來說，不

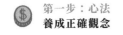
僅想法上獲得抒發，也覺得黨比以前更重視黨員的心聲，除了對這樣的服務表示讚賞，也對我印象深刻。

我還創立了《阿源美食》節目，針對選區裡知名的老店及人氣小吃，用美食節目的主持方式幫餐廳錄製影片，每次錄影結束，老闆都會感謝我免費打廣告而請我吃飯，我也常常利用「這樣的服務」替自己省三餐。

透過上述的服務，我讓每位「黨員」和「餐廳」，皆與我「陳泰源」這個名字產生網路關鍵字連結，以後只要有人搜尋他們的名字或店名，我就能順便被看見，這些完全沒花到錢。

他有 Money，我有 Jenny

在黨部擔任志工期間，某日一名居住在美國的「Jenny 蔡」注意到我，由於她非常認同我的理念，竟然在完全沒見過面的情況下，匯款 10 萬元給我，讓我非常感動！也使我

抱著錯誤的期待，認為只要持續讓努力被看見，就會有源源不絕的贊助。

終於到了市長與議員的選舉年（2010 年），由於黨內人皆已知我要參選，為了避免落人口實，說我（候選人）依附在黨部（舉辦初選的單位）裡，我被暗示該離開了。

可是我根本沒有錢可以租辦公室！但我當時只想著：「沒關係，等贏了初選後自然會有金主們贊助我，到時再租辦公室就好。現在先暫時寄居在老家透天厝裡的一間房，當作我的迷你競選辦公室就可以了。」於是我就這樣繼續向前走！

燒錢的感覺終於來了

選舉剛開跑的每一天，我都有上百通拜票電話要打，為了省錢，我特地在每家電信各申請一個門號：中華、台哥大、遠傳、威寶（後來的台灣之星）、亞太、PHS（已經倒了），共 6 家我通通都辦了！接著查詢選民的號碼是哪家電信後，

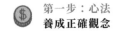
再挑網內打過去，這讓我在選舉中縱使通話量超大，加總起來的電話費也能控制在每月 2000 元以內。

後來，霹靂消息傳出！黨中央為了杜絕人頭黨員的陋習，初選制度決定調整，捨棄「黨員投票」改採「全民調」，因此，如何打響知名度就變得非常重要。

我沒錢買廣告，能做的就是想盡各種辦法吸引媒體注意，那時我們組了新人連線：內湖南港／高嘉瑜、中山大同／蔡易餘、中正萬華／童仲彥，以及我——松山信義／陳泰源。當時我們常合體造勢、腦力激盪，透過創意結合時事發想活動。拿道具、變裝、抗議、鬧場、開記者會……樣樣來，爭取到不少免費的新聞曝光。

當選戰進入白熱化階段，隨之而來要支付的費用越來越多，像是廣告面紙、文宣傳單、手舉牌、工讀生的時薪與便當、趕場拜票的交通油錢、競選衣服製作等等，不誇張，每天燒的金額都是萬元起跳。我被嚇到了！

接下來的日子，我只好一邊競選一邊跟親友們拉贊助，

少則幾百元，多則幾萬元。由於錢實在燒得太兇，之後競選歌曲的製作，我只能請朋友免費幫我作詞曲加後製混音，自己只付租借錄音室的費用。

記憶最深刻的是，我還拜託爸爸的朋友，請他在住處外牆讓我刊登廣告，但選完之後因為負債沒錢拆除，我只好打電話給環保局「檢舉自己的廣告」，讓公家單位派人「免費」拆除，我爸的朋友當下知道時非常傻眼，我也不敢再接他的電話。

最後，選戰終於進入後期，我這才想到我已經沒有錢繳「初選報名費」了，保證金要 10 萬元，還要 50 萬元的登記費。我努力了這麼久，最後竟然只能開記者會表示退選……

匿名同志父親與游錫堃院長的贊助

我避不見面，幾天後莫名想去法鼓山，在山上的寺廟裡失神閒晃了一整天，直到夕陽出現才驚覺天色已晚該回家

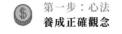
了。就在這時，「台灣同志諮詢熱線協會」與我聯繫，說有一名同志的父親得知我因為沒有報名費而退選，決定贊助我60萬元，希望我當選市議員後能替同志族群發聲。

得知當下，我的腦袋無法思考，我立刻下山衝去現場，沒看錯，確實是一張60萬元的匿名支票！我拿了支票以後便趕快離開，因為再不走我就要哭了。隔天，我拿著這張支票去黨部繳費，當時還有媒體拍下我與蔡易餘（現任立法委員）的合照，我們一起趕在截止日當天報名成功。

峰迴路轉，棄選又復選，倒數階段我只能用苦行僧的方式進行下去，畢竟沒錢擺派頭了。這時，我前老闆游錫堃的祕書來電約我到辦公室坐坐，碰面才知道他要贊助我20萬元！他要我加油把這些錢花在刀口上，集中火力的用掉。我感動到內心痛哭流涕！

最後，我拿10萬元來電話語音拜票，剩餘10萬元則是用來帶領工讀生全力衝刺市場拜票，以及跟著垃圾車進行肥皂箱演講。雖然最終還是輸了，但至少，我已經無愧於自己及支持者們。

後記

辛苦是成長的證據，過程痛苦卻也從中學到很多。

選完後我終於能靜下心來思考，痛悟出「錢」的力量。我告訴自己雖然親友們借我的錢（約 200 萬元）是無息借款，但我也不能拖到天荒地老，接下來的日子，我要以「負債心態」打拚賺錢。

各行各業其實都很辛苦，若重回固定月薪工作，除了收入跟付出可能不成比例之外，要到何年何月才能還清負債呢？我也沒錢創業了，想想只有做業務可行，於是因緣際會下，我被一名騙子拐去做房仲，然後又被騙了 100 萬元……但那又是另一則故事了。

至於當時那位說一定會大力支持我的李姓友人，在我參選後便神隱了，直到選完她才又再出現。至今雖然我仍有些芥蒂，卻也感謝她當時的「鼓勵」，才讓我有機會體驗這麼驚奇的旅程。

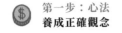

你省下買房金

- 錢不是萬能，但沒有錢卻是萬萬不能。

- 成熟的做事態度是先做好財務規劃再行動。

- 網路行銷的精髓在於無本行銷，唯一的成本，只有時間。

- 與其想「要花多少錢才能做到」，不如想「如何不花錢就能做到」。

- 趁年輕時體驗「輕負債」，及早知道錢在流動是什麼感覺，才會更珍惜錢。

民主進步黨台北市黨部
Democratic Progressive Party Taipei City Chapter

收款收據

NO 002614

編 號		姓 名 (單位名稱)	陳泰孫	
金 額	新台幣 (大寫) 貳拾 一萬 仟 佰 拾 元整		□現金 □匯款 ☑支票	

繳費 項目	☐遷入轉黨費　☐遷移手續費　☐補證　　☐捐款 ☐黨職分擔金　　年　月～　年　月 ☑登記費 ☐市長 ☐立委 ☑市議員 ☐執行委員 ☐評議委員 ☐全國黨代表 ☐市黨代表 ☑其他 民調費、保記金

通訊		繳費 日期	99年4月23日

主任委員		經辦人	

備註	第三選區 松山信義 (35)		日期：99/4/20

第一聯收執聯(白) 第二聯會計聯(黃) 第三聯存根聯(紅)

中油揩全民的油

請大家為權益加油

陳泰源
（松信）

高嘉瑜
（港湖）

我與高嘉瑜

與游錫堃合照的名片

競選宣傳：面紙

競選文宣

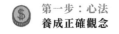
第 2 招

要被騙多少才懂「防人之心不可無」？

「被騙」是許多人一生必經的一課，教訓很痛，但所換得的經驗都是值得的，只要不貳過就好。

我也不例外，當時剛出社會又急於成功，什麼都不懂卻輕易相信別人，還有一點貪心。故事是這樣的⋯⋯

下定決心做房仲

2010 年 6 月我在市議員黨內初選落敗後，對政治這條路已心灰意冷，選舉的過程讓我體悟到「錢」的重要。我甚至改觀，覺得與其從政為民喉舌，不如成為有錢人要求民代

為我改變社會，因此，我決定棄政從商。

由於選舉已負債 200 萬元了，遑論籌措資金創業，而固定月薪工作不曉得要何時才能還清債務，思來想去只有業務可行，可是又不曉得做哪種比較適合。

於是我問自己：窮人買得起保險嗎？可以，許多種類的保險幾百元就能搞定；窮人買得起汽車嗎？可以，有的二手車甚至連 10 萬元都不到；窮人買得起直銷產品嗎？可以，生活用品或保健食品再貴也不過幾千塊錢而已。而且，以上幾種商品，皆可用「人情」勒索出業績。但，窮人買得起房子嗎？肯定不行，就算是缺錢賣房，也相對比窮人有錢。

我再問自己：與有錢人交朋友是否有幫助呢？我想答案是絕對的！上天對每個人都是公平的，一天就是只有 24 個小時，既然如此，假設我要賺 100 萬元，如果從事非房仲業務，我就得找 100 名客戶，且每位得貢獻至少 1 萬元的業績我才能達標。重點是我把時間分散給了 100 名客戶，將很難與每位客戶深交，但如果是房仲，我只要用心經營少數幾位客戶就可以達成了。

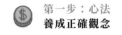
就這樣，我在幾經自問自答後便決心做房仲了！

因緣際會認識「鄧騙」

與朋友聊天時得知房仲這圈子很競爭，聽說同事、學長姊基本上是不願意教菜鳥的，畢竟把你教會了，對他們而言也就多了一位對手。可我在從零開始的階段，沒人教該怎麼辦呢？

這時我突然想起，之前初選期間，我曾經於南京東路掃街路過一間「建○房屋」，進去拜票時與一名店長（以下簡稱鄧騙）交換名片，他當時還泡茶請我喝，我也與他寒暄幾句藉機小歇。當時對他的印象還不錯，便趕緊回去翻名片與他聯繫，他告訴我他最近調去大直店頭當店長，邀我過去與他喝杯咖啡。

那是我第一次去大直，明水路 561 號，店名叫做「全球富邦房屋」，是由一群投資客創立的自有品牌，由於店內才

剛裝潢好，而且是座落在傳說中有錢人的豪宅特區裡，店內坪數大，裝修氣派，非常吸睛。

鄧騙告訴我房仲有多好賺，隨便賣掉一間房子，收入動輒幾十萬、上百萬元。我說我很茫然也有點害怕，畢竟我沒做過業務，只覺得大直一帶的房子隨便都要千萬甚至上億元，好像離我很遙遠。

他要我別擔心，他會找人教我，還說只要我肯學，做房仲一點都不難。他對我說：「房仲真正用到的專業知識不多，基本上只要知道『平方公尺乘以 0.3025 等於坪』就可以賣房了，真正困難的是搞懂『人性』，你都參選過市議員，肯定沒問題的。」

我想，他都已經從一般房仲升格為店長，有他在我自是放心不少，便答應隔天就來上班，全然把自己託付給他，並於 2010 年 7 月 28 日取得營業員證照，正式邁向房仲之路。

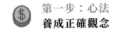
投資？詐騙？傻傻分不清楚

從業約半年，也就是 2011 年初的某日，鄧騙問我是否有興趣投資，我回：「當然有，可是我還在負債中，何況我連一間房子都還沒有成交呢！」

接著，鄧騙拿出一疊關於「大安區基隆路二段 140 號二樓」的資料夾，裡面有房屋權狀影本、不動產買賣契約書，還有賣方、買方（公司股東）的簽名與蓋章。鄧騙說：「你看看，這間我們買的價格多便宜啊！最近才剛簽約，等交屋後就要立刻賣掉賺價差，秒賺幾百萬，要不要入股？」

我問：「喔？買得很便宜？那賣掉後要怎麼算利潤呢？」其實我當時根本不知道那個入手價格是便宜還是貴，但鄧騙說便宜，我就相信了。

鄧騙：「50 萬元 1 股，一旦房子賣掉就給你投資報酬 30 萬元，也就是連本帶利共 80 萬元，如果到了年底還是沒賣掉，照樣連本帶利算給你。」

我說：「哇！（眼睛睜好大）可惜我沒錢。」

鄧騙語重心長地說：「從事房地產，當投資客賺比較快，做房仲，房子要賣幾間才能致富呢？我就是看你負債才希望你早點賺到錢，讓你父母對你刮目相看。想說眼前這個穩賺不賠的機會趕緊報你知道，不勉強啦！」

「讓你父母對你刮目相看」這句話完全打中我的心。

起貪念說服同學、隱瞞父母

2011 年那時仍處於投資客盛行、瘋狂炒作、短進短出的年代。我想鄧騙說得對！而且都做到店長這個職位了，不可能會騙人，何況他也知道我負債，要騙就去騙有錢人，騙我幹嘛呢？

於是我跑去說服爸媽，但他們只說「天下沒有白吃的午餐」，認為這利潤高到令人存疑。如果真的那麼好賺，那店

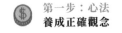

長為何不自己賺呢？何況我跟店長認識僅半年而已。我說服不了爸媽，當下有點生氣，覺得父母為什麼都不相信我，不支持我，不想早日看到我成功呢！

後來我去跟一位高中同學「報好康」，他聽完相當有興趣也很謹慎，要我當他的「保險」。他說：「我不認識你店長，我是因為相信你才敢拿錢出來，如果你保證這個投資絕對安全就好。萬一發生意外，你要負責。」

我轉達同學的意思給鄧騙，結果鄧騙的說法也一樣，他說他不信任我同學，希望窗口只對我，他還強調，他希望只給我賺。（事後想想，鄧騙應該是認為我個性溫和，討債起來比較不兇！）

總之我答應了，於是跟同學拿了 50 萬元，爸媽得知後隨即拿出 50 萬元給我，並告訴我：「你把 50 萬元退還給你同學，反正都要被騙了，欠家人總比欠外人好。」

我告訴同學後他卻說：「但是我的錢已經領出來了，那也是有利息耶！」這時我起了貪念，想說既然同學不想退錢，

而我手邊頓時多了 50 萬元，那就乾脆投 100 萬元下去吧！這樣回收時連本帶利共 160 萬元耶！

結果，我又把爸媽給我的 50 萬元給了鄧騙，並在 2011 年 1 月 4 日與鄧騙簽下「投資協議書」。鄧騙收錢時還語帶詼諧地說：「唉啊！這樣我賣掉這間房子可以分得的利潤又更少啦！」我覺得很不好意思，傻笑並感謝鄧騙給我這個賺錢的機會，期待交屋後立刻賣掉然後快點分錢！

但，事情沒有預期的順利……

剛出社會的 100 萬元學費

後來公司的氣氛變得很怪，常有黑衣人來找鄧騙，三不五時就有神祕電話奪命連環 call，每次接了對方都不講話，公司不斷被騷擾。有一次更誇張，一堆刑警突然到店裡，大聲喝斥叫我們不准動並且開始蒐證，對每個人的辦公桌翻箱倒櫃。

　　我驚覺不對，並想到怎麼股東們看到我都沒提到我有插股？而且店長怎麼老跑林森北路花天酒地，最近還神隱不上班。我趕緊問某位股東，股東說他們壓根不知道我有入股，而且那個案子，鄧騙始終無權介入。

　　我趕緊聯繫鄧騙要他給個交代，鄧騙說：「我答應要給你的就一定會給你，現在房子還沒賣掉，年底也還沒到，我沒有違約。」我也只能暫且相信一切只是自己多慮，就這樣拖過了 2011 年 6 月，那時奢侈稅剛實施，房地產被規定入手的兩年內不能買賣，否則要被課重稅，沒辦法，只好繼續等年底的期限到。

　　年底時我再次與鄧騙聯繫，他竟然說他沒錢，並請我再給他一點時間，可是我已經無法信任他了，何況我的同學也在等我還錢，我要求他無論如何至少先還我本金，但他還是辦不到。我說：「你根本就在騙我，我要告你詐欺！」

　　鄧騙聽到我要告他，態度瞬間轉硬說：「你去告告看啊！看我會不會反告你高利貸！」（靠！原來還有這一招！）

我整個理智斷線，一直想找他出來，也還好他躲起來，不然我可能會做出玉石俱焚的事情，弄不好，我打死他，損失 100 萬元還上了社會新聞版面兼坐牢，我的一生也毀了。

後記

後來鄧騙鬧失蹤，我告他詐欺，直到被傳喚時他才又再出現，他哭著跟檢察官說他中風，無法工作也沒錢還。就這樣，司法能做的就是換一張紙（債權憑證）給我，等哪天他的帳戶有錢了才能扣款。

後來輾轉得知，鄧騙當時騙了很多人更多的錢，因此縱使他日後有錢，我也不會是優先償還的對象。這才學到原來刑事的詐欺罪其實很難成立，就算贏了官司刑罰也判很輕，這就是為何很多經驗老道的詐騙高手根本不怕被告的原因。

至於那位高中同學，我把錢還清之後便與他絕交了。因為他明知道我是最大的受害者，卻還堅持跟我算利息，也不

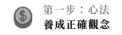
願意讓我定時定額還款，總想著「陳泰源可以跟他爸媽要啊」的催我還錢，讓我十分心寒。

時間能沖淡一切，包括恨。我曾看過一段話：「無論你遇見了誰，他都是你生命中該出現的人，絕非偶然。」親友們總說：「恭喜你這麼年輕就被騙，有人到老才被騙，連棺材本都沒了有夠悲慘。」當年覺得這只是安慰人的狗屁話，現在卻非常認同。

知道痛，才會成長，感恩上天讓 27 歲剛出社會的我「被騙子領進門」，實在幸運！但我更希望讀者們可以不用親自體驗這些經歷，希望你們在看過我的故事後，更知道該如何「趨吉避凶」。

總之，我前後總共負債 300 萬元就是這樣來的。從業第 2 年起，我開始了「超自虐的省錢生活」，那又是另一段刻苦的故事了……

你省下買房金

- 江湖上，職稱越是嚇人越要留心對方。

- 千萬不要借錢投資，尤其當你已經負債了。

- 一再被騙，是你受騙的金額不夠多，教訓還不夠痛。

- 會在你面前擺闊再慫恿你投資的人，務必提高警覺。

- 再怎麼被騙，也不要因此扭曲價值觀，請對人性抱持正念。

- 天下真的沒有白吃的午餐，請斬斷「短期獲取暴利」的念頭。

- 詐騙分子絕對不會心疼你是否負債，亦或你的錢是辛苦賺來的還是棺材本，詐騙分子只管你是否「相信」他。

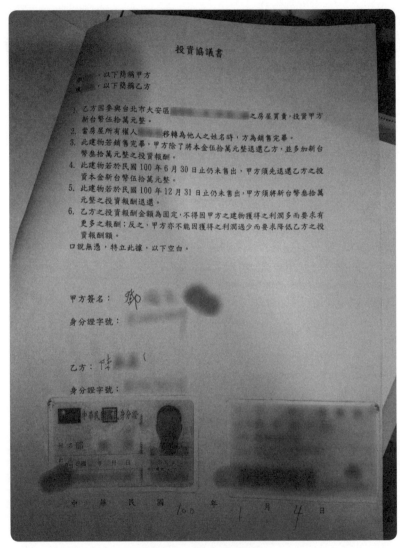

與鄧騙的投資協議書

第 3 招

我靠爸，我媽寶，就是不啃老！

　　小時候，父親總說：「如果不照我的意思做，就不把財產過給你。」被威脅久了，覺得麻木也非常反感。所以我從學生時期就告訴自己，一定要經濟獨立才不會任由擺佈，因此我到了退伍後便毅然決然搬出去租房子。

　　面對這種「怪怪的家教」，我慶幸自己沒有因為父親的威逼利誘所屈服，反而更拚命，雖然在外吃了不少的苦頭，卻也意外的將「勤儉」修練成「習慣」。

　　年輕世代有所謂的「啃老族」、「靠爸」、「媽寶」等名詞，以前我對這些名詞都相當的排斥，後來我則欣然接受「媽寶」、「靠爸」標籤，但就是不「啃老」。

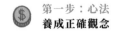
在決定成為媽寶、靠爸之前

你必須要很清楚知道那是父母的，不是你的。父母願意給，要懂得感恩；不願意給，也是應該的。我相信做子女的只要是上進的態度，父母肯定都是心甘情願樂於付出的。

不過有個大前提，那就是你必須先養成「勤儉」的習慣，否則父母親一味的給予資助，反而是在鈍化你的獨立個性。

當媽寶，何樂而不為？

以下是某次與朋友間的對談……

朋友：「你晚餐通常怎麼解決？」

我：「幾乎天天回老家跟爸媽一起吃飯啊！」

朋友：「天啊！你不是在外租屋嗎？還天天回家跟爸媽一起吃晚飯，好孝順喔！」（不是酸溜溜的口氣，而是真心

羨慕！）

我：「蛤？（整個超心虛）我只是為了省晚餐錢所以才回去啦，你不知道每天的吃飯錢如果能省下來，累積起來也是不小的數目呢！以晚餐一頓算 100 元就好，1 年就省下 36500 元，這已經足以抵掉我 2.5 個月的房租啦！」

朋友：「話雖如此，可是現代人很少跟父母一起吃飯了，不是感情疏離就是離鄉北漂沒機會，其實父母要的只是孩子的陪伴，多一副碗筷根本就不算什麼。」

這也是為什麼我的聚餐行程多半安排在午餐，一來是如果午餐沒人約，我還是得自費。第二個原因是，如果朋友聚餐通常是各付各的，如果是跟客戶有約則通常是我請客，假設約晚餐，那我豈不是既不能回老家吃免費的，還要多花錢去應酬，這樣一來一回等於虧了兩頓餐費，實在不划算！

於是，我現在更愛天天回老家吃「免費的媽媽手路菜」兼「陪伴父母盡孝道」囉！

另外，當一家人外出聚餐時，媽媽都會用我的信用卡去

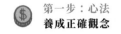
刷再補現金給我，幫我培養在銀行的信用並累積紅利點數。

還有，我堅持的一個原則是：只拿「物資」不拿「現金」。我從爸媽身邊拿走的生活用品也不少，例如：保健食品、零嘴、水果、蜂蜜等。

至於「靠爸族」，原本我也排斥這標籤好幾年，直到近年才改觀……

用靠爸加乘事業

2020 年 1 月 23 日的新聞報導，張國煒表示：「沒有父親的栽培，我不會有今天這樣的成就；沒有父親的『遺產』（張還刻意加重語氣），也不可能造就星宇航空。所以很多人在網路上說『你還不是靠你老爸的遺產』，我跟各位說，沒有錯！」

我才頓悟，以前那麼排斥「靠爸」，現在想想何必呢？

若有了父母親的幫忙，說不定可以有更大的成就，靠著父母親的資源來發揮所長，從事規模更大的事業或夢想，這不僅沒什麼壞處反而是助力！

只是，我爸很早就退休了，在事業上似乎很難讓我倚靠，但「不給予」也沒什麼不好，反而讓我更加堅強。至少，家人平安健康讓我沒有負擔可以專心打拚事業，就是上天送我最好的禮物啦！

另外，我搬出去住是為了訓練自己獨立，但如果可以，我會建議你跟父母一起住，彼此陪伴又不用付房租，多好啊！想想我在外租屋已有 13 年，房租加總起來累計至今花了超過 200 萬元！若這 13 年我都跟爸媽住，省下來的房租拿去當買房的自備款早已綽綽有餘。

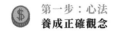 你省下買房金

- 善用父母的資源，也該避免讓惰性打敗鬥志。

- 只要你已養成勤儉的習慣，當媽寶其實幸福的不得了！

- 父母是替你省錢，助你打拚事業的貴人，不是幫你提高生活品質的提款機。

- 若是為了打拚事業，你該欣然接受「靠爸更上一層樓」，利己不損人，還能少走冤枉路。

- 你要的是省錢，父母親要的是陪伴，如果生活情況允許，建議每天回家一起吃飯，甚至住在一起，既省錢又能盡孝道。

借錢，你該有的體悟！

談到「借錢」，不論是開口向他人借，還是別人向我借，我通通都經歷過。

在我有記憶以來，伸手就有錢領，只要拿著帳單明細（餐費或學費），媽媽就會給我錢，而且每天還有 100 ～ 200 塊的零用錢可以花，在那樣環境下成長的我，對「錢」可說是毫無概念。

每當同學開口向我借錢時，我總有一種「有面子」的感覺，縱使歷經無數次的賴帳，想想那是來自「媽媽牌提款機」，又不是自己賺來的，便大方不計較了。

直到長大搬出去住後，決心做個經濟獨立的人，卻也一度深陷負債。想不到自己竟然也會面臨需要向他人借錢的時

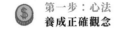
候，才開始對「借錢」這個課題有了深刻的體悟。

借錢給學弟，被誤認救濟

高中時期曾輾轉得知一名舞蹈科的學弟很窮困，我同情心發作，他沒開口跟我要，我就主動借他好幾千塊錢，還大方地說：「不急，有錢再還，希望助你度過難關。」由於他確實缺錢，加上又是我主動給的，看他表現出既不好意思又很想拿的「夭鬼假細禮」態度，使我內心有種莫名的虛榮感。

日後每每在學校看見他，我總以為他會用感恩的心，並精神抖擻地喊「學長好」，沒想到完全相反，他反而是心虛、能避則避。有次在走廊巧遇，他竟表現出視我為空氣，雙眼空洞無魂地與我擦肩而過。我只能安慰自己並替他找理由，猜想他是以為我可憐他所以「送」他錢，只是為了顧及他的自尊心才說「借」，因此才視作理所當然吧？

借錢給學姊，討錢時說「不要騷擾我」

還有一位戲劇科，姓金綽號叫「丸子」的旁系學姊，當時她們班上發生某件大事，每位學長姊得在期限內繳一筆不小的金額，不然就得湊滿堪稱是「不可能任務」的上千張發票才能畢業。

我憐憫心發作，學姊根本沒開口我也主動借了，記得當時學姊用堅定的眼神跟語氣對我說：「學弟，謝謝你，我『一定』會還你。」（「一定」二字語氣還加重）可能學姊是戲劇科的緣故吧？她的表情跟肢體語言讓我覺得好真誠！借她錢的當下讓我有種「我是大善人」的激動，只是之後她也裝傻不還，在學校走廊碰面時，還會刻意轉頭迴避，畢業後也就失聯了。

多年過去，我選舉負債 200 萬元，自己窮到快發瘋，趕緊想想過去誰跟我借過錢。拜科技所賜，臉書讓我找到她，我私訊求她多少還我一點，沒想到她竟回：「你誰啊？不要騷擾我，不然我要報警了！」接著就把我封鎖了……

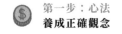
借錢給同學，裝傻說「我再匯給你」

還有一位姓「史」的同班同學，畢業典禮當天跟我說他沒錢搭公車跟火車回家鄉，我心軟借他幾百元之後，從此音訊全無。後來偶然在臉書找到他並提及此事，他說：「給我帳號，下個月薪水發下來後匯給你。」我心想：「總算！還是同學比較好。」

沒想到，日期過去了他還是沒匯，也沒跟我說「匯過去囉！請查收」，或問「有收到錢嗎」，由於我已經很有「經驗」了，他可能賭或許我會忘了，或者小錢我不會計較吧？確實我也懶得再提，於是又不了了之……

借給大學同學，如期歸還讓我以為在作夢

到了大學，有位許姓同學跟我借 8 萬元，那應該是我人生至今借別人最多錢的一次。我們是補習班重考班的同學，

又剛好考上同一所大學成為同班同學，基於這份情誼，還是學生的我「竟然敢」借她這一大筆金額，我如今回想起都很佩服自己當年的勇氣。

不過那位同學很善良也很負責，真的都有按照承諾連本帶利還給我，讓我對人性重新抱持希望，認識她至今也已超過 20 年，我們仍舊是好朋友喔！

借給當兵的班長，還了 12 年終於還清

當兵退伍後，一位伙房的方姓班長找我，說家裡出大事要跟我借 5 萬元，我當時也沒錢，為了幫他度過難關，還跟妹妹借了 5 萬元再轉給他。後來，欠妹妹的 5 萬元我半年就還完了，而班長欠我的，退伍至 2020 年都還沒還清。

幸運的是，他沒有消失，他只要有錢就會還我一點點，雖然金額不多，每次只還個幾百元，可至少他都有還，後來我還引薦他北上找工作當廚師，直到 2021 年 2 月 13 日，他

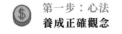
終於把欠我的錢全部還清了，我衷心祝福他！

借錢給前老闆，失蹤不還我卻心如止水

2018 年有了社會歷練後，我以為自己這輩子不太可能再借人家錢了，直到我前公司老闆出現跟我求救，我心疼她，因為我知道她是很好面子的人，除非萬不得已，否則絕不會跟我開口。

我自問：「要不回來我也不會心痛的金額是多少？」當我做好了「這筆錢極有可能有去無回」的心理準備後，便借給她。

縱然當下她說：「我不佔你便宜，我會算利息給你，等我穩住了，將來會還你一筆大的。」我也只是聽聽而已。果不其然，沒多久後她就失聯了，可是我的心情卻異常的平靜，那些要不回的錢，就當作是感謝過去在她公司時，帶給我學習成長的學費吧！

跟「人家」借錢，發現「家人」才是最重要的

我這輩子沒什麼跟別人借錢的經驗，選舉時親友們的贊助，我把那些當作是「借」，所以在我從業的第 1 ～ 6 年間，始終過著還債的生活。

我最深刻的借錢經驗是，我在從業第 4 年間發生了一件消費糾紛，細節就不贅述了，總之最後我得賠償客戶 80 萬元！那時我罹患了憂鬱症，一邊吃抗憂鬱的藥，一邊苦撐著到處跟朋友們借錢。

縱然我信用良好，還有富爸媽做後盾，而且我都強調：「我一定會還，絕不落跑。」可想而知，跟我哭窮的，說家裡有妻小要養的，房貸與車貸要繳的，有的甚至說自己也欠人家錢，還說「其實我原本打算開口跟你借，沒想到你先開口了」。這類話我聽了不下數十次，錢還沒借到，耳朵都要長繭了。

後來打了一通市話給某大學老師，她在電話中聽我支支吾吾地便敏感了起來，當我鼓起勇氣準備要說出「您能不能

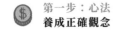

『○○○（借我錢）』」那關鍵字時，她插話：「你等等過5分鐘後再打來。」之後……便有通不接也沒回了。

幾天後我直接打手機給她，一樣，不是沒接，不然就是接了說「我正在教課不方便講電話」後就掛斷了，老師一直不讓我有機會開口。幾次去電碰壁，我才明瞭老師應是「想拒絕卻又不知如何明講」，也就不再打擾了，後來覺得尷尬，從此再也沒有與這名老師聯繫，實在遺憾啊！

我也打給一位大學同學——小嬿。說真的，就學時期，我們同學間的情誼並不深，平常也沒往來，我只是抱持中樂透的心態想說試試看。

結果果然沒借成，不過她講了一段話讓我印象很深刻。她說：「泰源，我自己的生活費也很吃緊，實在無法借錢給你，我知道你此刻一定很無助，我能做的，就是等等掛電話後為你禱告，祈求上帝幫你度過難關。」這是我吃過無數閉門羹後仍感覺到溫暖的一刻，所以當我度過危機後，我還特地去新竹拜訪她，謝謝她當時在精神上給了我很大的支持。

最後，我實在是借不到，於是我媽趕緊去標會，家人也分別湊出一些錢，才讓我順利度過難關。走過這麼一遭後，我才發現也更珍惜，順位第一，最重要也最值得付出的，就是家人。

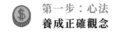
你省下買房金

- 當你遇到別人開口跟你借錢時，請衡量「這個人」是否值得。

- 願意幫助你度過大難關的，終究只有家人，所以記得，對家人好一點。

- 借錢請以「不還也不會心痛」的前提下借，沒有期待，心靈就沒有傷害。

- 當自己面臨需要借錢的窘境時，請先做好心理建設，99%借不成也絕不怨天尤人。

- 如果不願意借，婉拒的態度一定要溫柔，如果能向對方說句溫暖的話，此舉猶如雪中送炭。

- 願意借你錢的，一定是這輩子要好好珍惜的貴人，更要堅守自己的信用，縱然無法如期還款，也絕不失聯並負責到底，日後更要找機會湧泉以報。

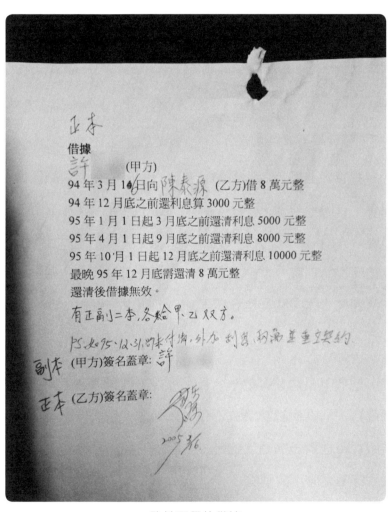

許姓同學的借據

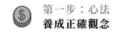

第 5 招

財富自由之前，想要的，都不需要！

　　我曾經遇過一名所謂的「有錢人」，他從頭到腳無論是眼鏡、衣服、項鍊、手錶、褲子、鞋子等等，樣樣都離不開名牌（沛納海、愛馬仕、LV、萬寶龍、賓士），而且每天出入任何場所都有一群朋友相伴，一起吃頂級美食，還會續攤喝到爛醉，休閒時光也會帶著 4 ～ 5 隻大狗逛街，非常引人注目。

　　他旗下公司共有數十名員工，員工們對這名老闆總是怨聲載道，因為他說起話來不是尖酸刻薄就是盛氣凌人。我曾親眼目睹他對一名員工的另一半說：「你怎麼會看上他？大便跟味噌是分不清楚嗎？」

　　花錢如流水的他，後來因為投資股票失利，不到 10 年

就賠掉了上億元，公司也收了，朋友們各個都避之唯恐不及，之前他到處借人家錢，事後也都討不回，最終抑鬱生病。

後來才知道，原來他當初得到了一筆上億元的意外之財，並非白手起家，也由於財富不是靠自己努力掙來的，導致人格扭曲成了暴發戶，由於他不懂守財，自尊心又太強，才會不斷砸錢在表象上。

關鍵不在名牌

最近我某件褲子壞掉了，所以想去買件新褲子，當我走進 NET 門市時，發現也有賣皮夾，頓時想起我皮夾的卡夾只能放 3 張卡片，而 NET 有賣能放 8 張卡片的皮夾，所以想順便買一個。

這時，省錢源上演了一段自我對話的內心戲……

心裡有個小小的聲音說：「可以改去 Boss 或 Armani

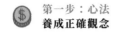
專櫃買，穿起來更有質感！你要成為別人心目中『那個穿 Boss 的人』而不是『那個穿 NET 的人』。」

但，我是這樣想的：「先敬羅衣後敬人，褲子壞掉了當然要換，畢竟讓客戶覺得穿著看起來『舒服』是很重要的！但不需要看起來『名貴』，褲子不是奢侈品而是民生必需品，穿著打扮不需多有質感，只要合身整潔就好。」

說真的，我這輩子還真沒買過高檔牌子的商品。以前負債時，我對名牌總是「不敢興趣」，如今有了房仍堅持「不感興趣」，就連走進專櫃看看的好奇心都沒有。

只買預計「需要」的

我後來克制住消費慾望沒買的理由是：我的皮夾根本就沒壞啊！

捫心自問，有多少人會在意他人用的是什麼牌子的皮

夾？還有，皮夾內的卡夾越少，潛意識就會告訴自己不需要那麼多卡；相反的，卡夾越多，大腦就會想把剩餘空的卡夾給填滿，便會忍不住一直辦卡。但現在許多卡片都結合手機載具了，實體卡片逐年遞減中，說不定買了之後還嫌多餘。就這樣冷靜的想了一回後，也就沒買了。

我去 NET 的目的就是要買褲子，所以其他商品本來就不在我的購物清單內，而本來沒有要買的東西怎麼會是「需要」的呢？除非經我再三確認是「需要」而不是「想要」，否則我是絕對不會順便買的。

想花、省多少？操之在己

因武漢肺炎疫情的衝擊，許多人收入受到影響而感到恐慌，可我內心卻很平靜，我告訴自己：「開源看景氣，節流靠自己，只要盡量維持『負債時的消費水平』就能加速累積財富，縱然他人的收入遠高於我，但只要我的開銷低於他人，

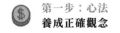
還是能比他人存下更多的錢。」

　　以 2020 年 11 月 11 日的雙 11 購物節為例，許多商品在此刻購買顯得超級划算，但我的消費紀錄是零，因為我沒有需要啊！東西再便宜還是得花錢，常有人說怎麼「聰明消費」最划算，但有比我「沒有需要也不想要」來得省嗎？

ㄓㄨ 你省下買房金

當你有著有錢人都是開名車、戴名錶、穿名牌的錯覺時，證明你被商業媒體塑造的假象給蒙蔽了！那些炫富行為只會被認為「自卑感蠻重的」，因為真正的有錢人反而深怕別人知道他很有錢。

記得！

1. 需要的才買，想要的不買。

2. 加薪或裁員，看老闆；揮霍或節儉，看自己。

3. 佛要金裝，人只要衣裝就好。堅持對奢侈品無知，存錢速度才會快。

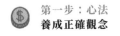
第 6 招

無痛消費藏貓膩：機車停車費的理財觀

撇開電動機車、汽車不談，如果你跟我一樣是生活在大台北地區的機車族，你每月的停車費大約是多少呢？你通常願意花多少時間找免費停車位？還是你覺得停車一次 20 元也在斤斤計較是怎樣，有車位當然就直接停了，幹嘛囉哩叭唆的！

像這樣的「小額支付」你有感覺嗎？雖然我們都該具備使用者付費的觀念，但如果在有機會停免費停車格的前提下，卻懶得試著尋找，小心你的錢正在不經意中一點一滴地流失。

將「無痛消費」想成「皮肉痛」

請你跟我一起這樣想：如果每天停車一次花 20 元，一個月就是 600 元。如果你在住家附近停車繳一次，到公司附近停車再繳一次，那一天就要繳兩次也就是 40 元，一個月就是 1200 元。

無論是 600 元還是 1200 元都已經不是小錢了，以一天三餐，每餐 100 元換算，起碼可以讓你吃 2 ～ 4 天了。假設你能省下 600 元或 1200 元的同時，再跟那些不省這些錢的人相比，一來一回的差距就是 1200 元或 2400 元了。

至於該花多少時間找免費停車格？我最多只花 5 分鐘。當然如果是你很熟悉的地方往往不用 2 分鐘就能找到，我進一步說明。

把錢轉換成時間，根據最新公佈的基本時薪是 160 元，換言之 1 分鐘就是 2.67 元，而用 20 元換算是 7.5 分鐘。也就是說，如果你為了省 20 元而花超過 7.5 分鐘找免費停車位就不划算；可是如果你花不到 5 分鐘找車位，也就是 13.4

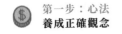
元的時間成本，便找到免費的車位因而省下 20 元，一來一往你還是省了 6.6 元，既然如此，在行程不趕的前提下，為何不花個 5 分鐘試著找免費停車格呢？

還有，你知道 20 元的利息要如何產生嗎？必須要有 1.2 萬元的錢母，搭配年利率 2% 的投資工具，還要花 1 個月的時間才能產出 20 元。因此，就算是 20 元也是得來不易啊！

月租 5 折超便宜？抱歉我選免費的！

我的公司位於仁愛路、敦化南路圓環一帶，這裡非常難停車，尤其在台北市主要幹道的停車格都開始收費以後，免費的車位就變得極少。但，你相信嗎？我到現在幾乎都還是能夠找到免費的機車停車格，我付費停車的頻率 1 年頂多 1 ～ 2 次而已。

記得在 2019 年 8 月中，公司周遭的機車停車格開始實施收費制沒多久，我的機車後座被釘上了 1 張 20 元停車繳

費單，還被釘了 1 張「機車格月租 300 元」的紙條。當我進一步了解後，得知是附近辦公大樓的室內停車場對外招租，就在我公司的正後方，月租金 300 元換算 1 天只要 10 元，跟戶外比起來等於是打了 5 折！

業者相當聰明，因為他們是將閒置的汽車格當機車格使用，1 格汽車格可停 4～5 台機車，能替辦公大樓增加社區基金，物盡其用值得讚許！只不過，業者聰明，我更懂得精打細算。

到底要不要花 300 元租機車位？我認為要實測後才能決定。一來是我真的很會找免費機車格，二是禮拜天本來就不收費，所以實際上 1 個月有 4 天是免錢，停車費的計算基礎應是：戶外 520 元／月、室內 300 元／月。

再來，我相信附近有一定比例的上班族都跑去租每月 300 元的室內機車格了。而在停車需求總量不變的前提下，我判斷只要忍耐一段時間，找到戶外免費機車格的機率就會提升。果不其然，自從 8 月 23 日停過 1 次 20 元的戶外機車格後，至今我都還沒有花錢停車過，所以我現在每月的停車

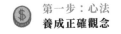
成本依舊保持「趨近於零」的紀錄。想到每月都能替自己省下數百甚至上千元不等的停車費，心情就很愉悅！

因此，當你問我到底要停每次 20 元的戶外車位，還是租月租金 300 元的室內車位呢？我的答案是：「抱歉，我選免費的！」

買車容易養車難

順帶提一個講到快爛掉卻攸關你能否加速存錢的觀念：別太早買汽車！

汽車不僅昂貴，而且一落地就折舊。汽車怕刮傷變醜，內部要保養，外部也要清潔。可機車就不同了，縱使外殼傷痕累累我也不心痛，反而覺得這是防止被盜牽的「保護色」。

而且在台北市要找汽車停車格很困難，停車費比機車貴，機動性也差，尤其到了尖峰時刻，看著擁擠的車陣，頓

時慶幸自己騎車能夠一路暢行無阻！另外包括每年的持有成本（稅金）、保養成本也差很大。

　　所以，縱然我已經買了房子，我到現在還是完全不想買汽車。

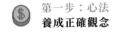 你省下買房金

　　某日上午 8 點，我騎車去忠孝東路某大樓辦理交屋，一時沒注意將機車停在付費停車格裡，9 點多回到現場發現一張 20 元的繳費單，內心小懊悔。我不是因為花 20 元而感到心痛，而是明明可以找到免費的，卻因為疏忽導致要付費而覺得不甘心，畢竟一大早出門，免費的車位其實很好找。如果能省到，我便越省越開心，把省錢當樂趣，吃苦自然覺得像吃補。

　　記得，一定要把握住每一次的省錢機會。假設明明可以爭取免費卻沒有爭取，縱使付出金額再小，都該覺得痛。

　　另外，買汽車就是買麻煩，而且還會嚴重拖累你的存錢速度，在被動收入大於或等於生活開銷以前，盡量不要買汽車。

用了超過十年的機車，外殼傷痕累累反而成了保護色。

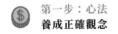

第 **7** 招

凡事「順便一下」就能省

　　每個人都有自己的一套省錢絕技，我也有我的「順便哲學」，無論是採買、聚會、旅遊等等，甚至未必跟錢有關的任何事，我總想著怎麼做才能一石多鳥。我把這樣的價值觀應用在生活中，凡事「順便一下」總能讓我省下不少錢、時間與精力，以下是我實際應用在生活中的 6 個例子。

情況 1：收到紅色炸彈時

　　以前只要收到紅色炸彈，我都會厚臉皮跟新人說：「非常感謝你的邀請，但我負債中，若不嫌棄，我願意擔任婚禮主持同時演唱情歌，希望可以用這樣的方式給予祝福（暗示

折抵紅包）。」

有的親友欣然答應，有的表示流程已安排好但不介意我只給少少的紅包錢，有的則說：「沒關係，等你還清負債後我們再聚。」言下之意就是要我不用出席，我也只好裝傻回覆：「感謝你的諒解！」

如今我已還清負債卻仍保持這個詢問的習慣，把握住每次收到喜帖的機會，看看能否爭取從「親友」變「工作人員」，這樣的轉換，不僅讓我省下要包給新人的禮金，往往還能拿到新人的紅包呢！

而在給予新人祝福的同時，也能順便滿足自己的表演慾望，還能賺外快且飽餐一頓，餐後我也會順便將剩菜打包回家，替自己省掉下一餐的費用，簡直是一舉數得！

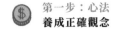
情況 2：手機或行動電源需要充電時

我的手機從不在家充電，都是利用在公司時充電，也會順便充行動電源，如此一來，回到家裡也能享用到公司的電。

順帶一提，前陣子我的行動電源壞了，我不直接購買，而是在臉書發文許願看看有誰願意送我，我用請客當作交換，這種以物易物的模式（午餐換行動電源），也讓我藉此順便跟沒見過面的臉友及僅有一面之緣的同業有了交流機會；另外還有一位因為換新手機，所以用不著行動電源的好同事，也將他原本的行動電源送給我，讓我頓時多了 4 顆行動電源，不用再擔心在外時電不夠充了。

情況 3：經過房價較低的區域時

我住在物價頗高的台北市中山區，而我有個每週看二輪電影的習慣，於是都會趁去景美看二輪電影的時候，順便採

買水果。

因為景美的房價基期相較北市其他區域，甚至是新北市的新店都來得低，所以店租不高，物價自然便宜；同樣的水果在中山區跟景美夜市（文山區）的價格就是不一樣，平均價差至少 1 成！

另外，景美夜市還有一家歷史悠久，在地人都知道的小甜甜手搖飲料攤。同樣的飲品比其他連鎖飲料店的價格便宜至少 10 塊錢以上，像我平常不喝手搖飲的，因為現在 1 杯的價格普遍都 50 元起跳，而當我花超過 50 元買飲料，卻喝到地雷飲品時心情會很差！但只要去景美，我都會來上一杯珍珠鮮奶茶或是蜂蜜檸檬加蘆薈，可口又高 CP 值的飲料喝了就是爽！

情況 4：搭捷運時

現行悠遊卡採「搭乘次數越多折扣越多」的遊戲規則。

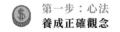
由於我主要的交通工具是機車，使用悠遊卡的頻率很低。但只要我當天的行程需要搭捷運，我就會順便使用家人的悠遊卡，如此便能將搭乘次數累計在同一張卡片上。

情況 5：吃吃喝喝時

想喝汽水時，我都會買「纖維＋」（內含膳食纖維）或「奧利多水」（內含 Oligo 寡糖），不然就是「CC 檸檬」（內含維他命 C）；這樣除了能享受喝碳酸飲料的爽快，也能順便幫助消化或補充其他營養素，讓飲料不至於太沒營養。

情況 6：出遠門拜訪友人時

每當要去中南部拜訪友人時，我都會昭告天下以爭取演講機會，這樣不僅能與好友們相聚，也能順便賺演講費。

以 2020 年為例，我去高雄與台中拜訪友人，同時爭取到 3 場演講（大家房屋、21 世紀不動產、有巢氏房屋），除了賺演講費，搭乘高鐵的交通費也能跟邀約單位申請補助，演講現場順便賣書又再多賺一筆錢。

結束後，同行通常會續攤請我吃飯，這些林林總總，讓我出一趟遠門往往沒花到錢，反而還倒賺不少呢！

人不 OVER 枉少年

上述例子，無非是想與大家分享，我的確靠賣房子賺了不少錢，但真正讓我致富的，其實是「順便哲學」。

當你把這一系列的行為內化為觀念並植入腦中，從此每天早上醒來到晚上回家睡覺前所做的每件事，所展現出來的順便行為，長期累積下來省下的時間、金錢、精神，肯定讓你驚喜不已！

景美在地人都知道的歷史名店「小甜甜手搖飲」

養成不花錢的運動習慣

　　從事房仲已十年多的我，在過去第 1 ～ 8 年間，除了偶爾的員工旅遊或是年節之外，我幾乎沒休假而且常常工作到晚上 11 點，有時甚至過了午夜才下班。當時的想法是，30 歲的我還很年輕，犧牲一點健康換取金錢沒什麼，畢竟想早點還清負債，也認同「寧可辛苦一陣子，也不要窮一輩子」這句名言。

　　只是我的飲食習慣總是狼吞虎嚥，加上工作壓力大，又長期沒運動，直到身體出狀況，不舒服到無法再撐下去，才停下腳步嚴肅看待自身的健康問題。

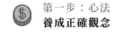
照胃鏡初體驗

我人生首度的照胃鏡體驗是在 2019 年 4 月，開始前，護士小姐一臉輕鬆讓我毫無戒心，想說應該蠻有趣的吧！沒想到，當醫生拿著一根超長類似細水管的胃鏡出現在我面前時，我已全身冒冷汗，但這時喊停實在太丟臉，只能硬著頭皮面對了！

接著醫生將胃鏡放進我的嘴裡，並穿越喉嚨再經過食道往胃底下鑽，整個過程處於「不斷嘔吐」的生理反應，相當不舒服！內心後悔吶喊：「啊！為了省錢，不自費打全身麻醉真是自虐啊！」

事隔一週後回診看檢驗報告，得知賁門鬆弛導致食道長期被胃酸灼傷，已罹患「巴瑞特氏食道」。當下醫生直視我，並用嚴肅的口吻說：「這是食道癌的前兆，你的情況已是『不可逆的』，只能控制阻止惡化，再拖下去就『不好了』。」聽完這席話，我瞬間覺得人生變成黑白的。

我蠻貪生怕死的，一想到有錢沒命花就覺得不甘心！也

認為看病的醫藥費跟交通罰單一樣都是「自找」且「沒有必要」的花費，只要不生病就是省錢。更何況，健康可以換取金錢，但金錢木必買得回健康，因此，我誓言一定要把「健康」討回來！

我對運動的三個堅持

健康是 1，財富是 0，擁有再多的財富，沒有健康也是枉然。然而要維持健康，基本上需從 3 點著手：飲食、睡眠以及運動。在這 3 點裡，我自知最主要的問題是長期沒運動，因此我必須切割部分的工作時間來運動了。

以下是我選擇運動項目的前提：

不花錢

說到不花錢的運動，我想所有健身房、游泳池的業者應該會封殺我，所以我要強調，如果你希望在運動中更有品質，

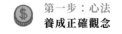

或是抱有其他目標，例如渴望練出大肌肉或是雕塑完美身材曲線等，你當然該花錢運動。

但如果你像過去的我一樣處於負債，或是身為努力累積第 1 桶金的小資族，那你就該避免花錢運動。換句話說，我不會從「想要」的層次告訴你去哪家健身房比較便宜，我會從「需要」的角度讓你在眾多不花錢的運動項目中，挑選最具多重效益的運動。

曬太陽

自從罹患「巴瑞特氏食道」之後，醫師叮嚀我：「我開給你的藥物會加速鈣質流失，記得多曬太陽補充維他命 D。」

那時我才 Google 曬太陽的好處，發現實在太多了！但我想特別分享的是可以緩解憂鬱症，我親身的體驗是曬太陽時心情真的會變好！

好空氣

運動的環境是否具備新鮮又乾淨的空氣非常重要，尤其

現在疫情肆虐，專家們總是呼籲密閉空間盡量開窗並保持空氣流通，就是擔心病毒傳播，縱使有開空調還是消除不了疑慮，這也是健身房業者生意受到影響的原因。

至於戶外，跟我一樣生活在天龍國的人都有同感吧！尤其在秋冬季節，在外奔波常常覺得呼吸不順暢，騎車被風吹之後回到家眼睛也跟著紅腫乾癢。沒有濾網的都市跟空氣不流通的室內，兩者似乎都好不到哪去。

唉！都市人想覓得乾淨的好空氣似乎變成一種奢侈，尤其當我從山頂俯瞰台北城時，10 次有 8 次都是霧濛濛一片，在都市裡運動儼然成了「慢性自殺」。因此，除非你有辦法瞬間移動到宜花東，不然我想最適合的運動場所，答案已經呼之欲出。

文思泉湧總在爬山時

「爬山」完全符合我上述的 3 個條件，而且好處還不只

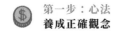
這些，像是在山上沿途都是綠色植物，到了山頂也能遠眺台北盆地，看綠、看遠皆對眼睛有顯著的保養效果。

更神奇的是，當爬山路線不變進而習慣後，我可以放心地交給「行為記憶」，帶領我進入「半放空」狀態一路抵達山頂，這讓心智有餘裕思考。於是，每當遇到人生難題或是寫作瓶頸時，爬山過程總能讓我「天外飛來一筆解惑」。

自從在 2019 年要求自己每週爬 1 次山之後，懶骨頭的我到了 2020 年竟然主動改成每週爬 2 次。而且我在工作上也產生連帶的正面影響，做事比以前來得有效率與耐心，這些都是當初料想不到的。

我從抗拒運動到熱愛爬山，突然覺得原來胃食道逆流是老天爺送給我的「禮物」啊！

輕鬆養成好習慣，你需要提示與獎賞

在《為什麼我們這樣生活，那樣工作？》書中提到 1 個觀念和 1 個技巧：

一、運動是「核心習慣」，可以帶動全面的改變，哪怕只是 1 週 1 次，它都會擴散與延伸，讓人能輕鬆地培養其他好習慣。

在我養成運動習慣後，今年也養成了閱讀的好習慣，我現在「每月閱讀 1 本書」以學習更多知識，並在加班時段且沒有同事打擾的環境下，專心寫作進而產出此刻你正在看的這本書。

二、為了讓新習慣維持下去，除了意志力，大腦也需要提示和獎賞。

說說我養成爬山習慣的心路歷程：一開始因為長期沒運動導致身體出狀況（提示），照胃鏡後確診胃食道逆流（提示），醫生提醒吃藥會加速鈣質流失（提示），並叮嚀我要

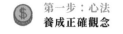
常曬太陽（提示）。

為了運動與曬太陽，我開始勉強爬山，剛開始1週頂多1次，且每次出門前總是被惰性拉扯。直到「健康」的成果逐漸出現（獎賞），加上某日爸爸因為心情大好送我1盒龜鹿滴雞精，我規定自己要在爬完山之後才能喝1罐（獎賞），後來我只要看見太陽出現（提示），就會很想爬山，於是新的好習慣就輕鬆養成了！

以上是我的提示（生病、藥物、太陽）與獎賞（健康、補品），那你的呢？

平價自助餐店老闆的理財經

　　當你在路上看到那些穿著高檔、開名車，外表看似很有錢的人，其實他們頂多稱作「高度消費者」，說不定是個月光族（意指薪水每月歸零無存款），或根本是詐騙集團。

　　事實上許多看似普通，甚至「鄉下俗」打扮的，才是深藏不露的有錢人。以我常造訪的自助餐店老闆為例⋯⋯

面惡心善的自助餐店老闆──葉全發

　　北市大安區安東街上有一家已經營業超過 30 年的自助餐，店名叫做「上班族自助餐」，是我近幾年早午餐最常光

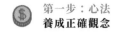
顧的餐廳。菜色不僅美味，CP 值更是破表，結帳後老闆偶爾還會為客人免費加菜，只要吃過的就知道老闆真的是佛心開店。

說起這名老闆，長相酷似黑道，但其實是個愛心暖男。他平頭，前額頭還有一處刀疤，身穿簡單的工作內衣，搭配露一半小腿的短褲加拖鞋，從頭到腳整個行頭就是平民打扮。但你知道嗎？他的身價竟高達數千萬元！

累積財富的人生歷程

還記得有天中午，我一邊吃飯一邊與葉老闆閒聊。

我開玩笑地問說：「老闆，你看起來蠻兇的耶，你是黑道嗎？」

葉老闆笑說：「不是啦！我只是認識的『兄弟』朋友比較多而已！」（這種介於有跟沒有之間的回答實在太藝術）

葉老闆接著說：「自從我二十幾歲娶老婆後就不玩了，菸也戒了。有小孩後家計負擔變重，我們就靠著開自助餐店穩穩地打拚，平時也沒什麼花錢的娛樂，頂多就是騎腳踏車、爬山，所以沒什麼開銷，一晃眼三十幾年過去就當阿公了。」

　　我說：「嗯……壓力果然會使人成長。」（細細咀嚼葉老闆的話）

　　葉老闆說：「後來存到一些錢，我就把隔壁的店面買下來，現在出租給別人開店，就近管理也方便，這樣我們的房東才不敢亂漲店租，因為只要他漲，大不了就搬到隔壁自己的店面繼續營業，所以房東就一直沒有漲價。」

　　我說：「對啊！我做房仲這麼久了，都勸房東不要老想著要收高租金，讓利換取長期穩定的租客才是王道啊！」

　　葉老闆說：「對啊，租金太貴，房客賺不到錢，負擔不起有什麼用！殺雞取卵嘛！」

　　葉老闆接著說：「我曾經想把我們這棟大樓所有的店面都買下來，但後來想想，把錢全壓在同一棟大樓也沒意思，

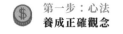
還是分別放在不同的地方比較好。」

原來成為有錢人這麼簡單

妻娶了，不混了，菸戒了，錢也省了；生孩子了，有家庭了，責任感重了，抗壓性也強了。開店了，賺錢了，休閒找些不花錢的，時光依舊是美好的；存錢了，買房了，置產了，當阿公了。

三十幾年過去了，生活依舊簡樸，一個白手起家、知足常樂的有錢人，活生生的例子就在我眼前。

他的理財觀非常正確，買房的思維採取「進可攻，退可守」策略，因為有開店需求所以買店面，遷店怕客戶群斷了所以買在隔壁，就近好管理，更不怕現任房東漲租金或收回自用趕人退租，投資兼自用，置產好安心！

也因為葉老闆不是因為經濟壓力而開店，看到值得鼓勵

的年輕人或出外辛苦打拚的工人都願意算便宜，甚至還會免費加菜造福大眾。

我從事豪宅仲介已超過 10 年，我發現除非買家為了怕被誤認買不起而刻意打扮之外，平常在豪宅區的街道上，從社區走出來的路人甲乙丙，穿著打扮都很自然，不會刻意引人注目。

「因為有錢，所以低調」是一種保護色，也是一種「不需靠外表證明恁爸有錢」的自信展現。穿著普通，不因有了錢而變得奢侈，維持簡樸習慣，不要老想怎麼消費而是專注累積財富，沒有天大的祕密，只有再簡單不過的發財道理，也是值得你我學習的榜樣。

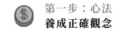
你省下買房金

　　我後來買了人生的第一間房子，跟我目前承租的房子相比條件相當，我也採取葉老闆「雙頭賺」的理財心法。房子距離我目前的租屋處不遠，也因為房東租金算我比較便宜（1.6 萬元／月），所以我買的房子拿來收租（2 萬元／月），等於我承租的房子每租 1 個月就省 4000 元，而我出租的房子則持續收租抵房貸，養房好輕鬆！

　　另外，哪天換你當房東，我真心建議，租金略低於行情以換取長期穩定的房客才是智慧的策略，總比租期一到就退租，閒置期沒收益，且再次出租還要另付一筆仲介費來得好多啦！

10 樣以上菜色老闆算我 120 元，結帳後再請我吃菜脯蛋。

第二步

省錢

生活實用技巧大公開

第 10 招

養成到自助餐店吃早午餐的習慣吧！

　　如果你是屬於家裡沒人可以為你準備便當的外食族，又或者你比較耐餓，剛起床通常沒食慾，亦或是你信奉「168斷食法」、「不吃早餐更健康」這種價值觀，同時，你不用趕在 9 點前進公司，屬於時間彈性的自由業、創業家、業務等等，那我強烈推薦你養成到自助餐店吃早午餐的習慣。

吃早午餐最划算

　　以我的作息為例，我通常是上午 10 點出頭進公司，然後我會先把每天例行性、簡單的文書雜務優先處理完畢，接著將下午預計要做的，比較需要專心處理的項目整理好之

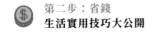
後，大約到了 11 點便去公司附近的自助餐店吃早午餐。

由於早餐錢省下來了，早午餐的預算便可提升，而且還比早餐加午餐的總金額來得便宜！像我幾乎固定會去自助餐店用餐，費用大約落在 100 ～ 120 元上下，若除以 2 就是 50 ～ 60 元。試想：在天龍國的你，有辦法早餐加午餐皆控制在 60 元以內嗎？

從省錢的角度，一般上班族早餐預算保守抓 50 元，午餐抓 100 元，等於總共 150 元。而我的早午餐是 120 元，比起一般人，平均每天可省下 30 元，1 個月累積的金額就是 900 元。

早午餐的另一個好處是，當 11 點大家都還在上班時，餐廳內的座位很空，吃飯時不會人擠人，你可以在比較沒有壓力的狀態下吃飯，這也有益健康且幫助消化。

還有，自助餐店的「免費例湯」通常一開始料都很多，只是都被早來的客人撈走，所以中午 12 點後才陸續進店用餐的民眾，例湯往往只能撈到骨頭跟菜渣，而我卻可以藉著

吃早午餐,利用例湯替自己「免費加菜」!

自助餐是平民的健康廚房

我推薦自助餐店有一個最重要的原因,就是營養均衡。如果你現在處於負債狀態更要記住,千萬不要為了省錢而讓自己吃不飽又吃不好,過去我負債期間曾長達 6 年的午餐幾乎都靠吃泡麵度過,那是錯誤示範啊!

現在外面的便當店通常是 3 配菜加 1 主菜,假設你點的是牛肉麵,除了麵條、牛肉,頂多再加幾片小白菜,纖維根本不夠!就算另外加點燙青菜,菜色還是不夠豐富,還因此增加吃飯錢,天龍國的燙青菜普遍 1 份就要 40 元了!

自助餐就不同了!幾十樣菜色任君挑選,營養又美味。我吃飯的習慣是,主餐挑 1 ～ 2 樣肉類(蛋白質)加飯(澱粉),其餘的我會從顏色(五行)與部位(根莖瓜果葉)下手。例如:黑色木耳、深綠色蔬菜或海帶、白色金針菇或洋蔥、

黃色南瓜、紅色番茄或胡蘿蔔等等。而且每一種我都夾「約
1口的分量」，於是我的早午餐往往都會有超過 10 種以上的
菜色，吃飽後，身心皆滿足，就可以開始充滿元氣的迎接工
作啦！

如何找尋便宜的自助餐店？

我公司在大安區的敦化、仁愛圓環附近，這一帶的消費
單價都蠻高的，就算是自助餐店也一樣，以我夾的菜量若在
公司附近的餐廳吃，起跳價肯定超過 150 元！我曾在公司附
近的「○媽媽自助餐店」用餐，結果被老闆娘算 180 元過！

可是這也不能怪老闆娘，因為這裡的店租本來就比較
貴，物價自然不便宜。於是，根據這樣的邏輯推論，我發現
要找到比較便宜的餐廳其實很簡單，就是往房價相對低的方
向找！你若追問我：「那黃金地段如何找房價便宜的地區用
餐呢？」這點我很有心得。

　　舉例：我的房仲主商圈——大直。如果是在河景第一排，又或是張忠謀住的 1 坪 200 多萬元的豪宅附近，例如：萬豪酒店、美福大飯店一帶，物價自然不便宜。可就在不遠處，走路約 10 ～ 15 分鐘，靠近實踐大學的大直街一帶，那裡是大直地區房價相對便宜的地方，加上消費族群多半是學生（實踐大學、大直國小與國中部），因此平價美食便群聚在那裡。

　　以我現在的公司（大安區）而言，房價相對低的地方是臥龍街，不過距離我公司太遠，另外一個選擇就是市民大道三、四段，由於緊鄰高架橋，從風水的角度解讀為攔腰煞與音煞之所在，那裡絕對是大安區房價最便宜的地方，要找便宜的餐廳往那個方向準沒錯。

　　就這樣，我在偶然的誤打誤撞，找到了心目中的理想餐廳，也就是前面提過的「上班族自助餐」。

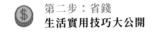

富有人情味的自助餐店

「上班族自助餐」是我最常去的自助餐店，光看店名就知道肯定是平價消費。我會特地從敦化、仁愛圓環走路過去，主要的原因是 CP 值真的很高！而且步行控制在 15 分鐘內並不算太久，吃飽了走段路回公司也能幫助消化。

我印象非常深刻，2020 年 2 月 22 日星期六，我依照作息大約上午 11 點抵達自助餐店吃早午餐，並照我的飲食偏好，夾了至少 10 種以上滿滿又多元的青菜跟肉，總共只要 120 元。

當我吃到差不多剩一半的時候，老闆趁旁邊暫時沒有別人，主動為我盛了一匙的滷筍，並淡淡的說：「這滷筍很好吃，你吃吃看。」我連忙跟他說謝謝，話都還沒說完，他早已轉過頭去繼續酷酷地忙他的事。

我知道老闆不擅言辭，只能用行為表達對我的關心，當下充滿感動，一邊吃飯一邊都快哭了出來！這是這輩子第一次，吃自助餐竟然有老闆會免費為我加菜，雖然彼此不過就

是老闆與用餐民眾的關係，但他似乎把我當成自己的孩子看待，亦是他對努力打拚的年輕人表示疼惜，無論如何，謝謝他對我的好，也再次印證「台灣最美麗的風景是人」。

後來我每次去吃早午餐，老闆還是常常在結帳後為我加菜，像是小卷、炒麵等等，還曾經請過我一顆橘子、一袋菱角，要我帶回去當點心，真的「揪甘心欸」！

你省下買房金

- 自助餐店能攝取最多樣的菜色，是既美味又能兼顧營養的好所在。

- 如何找到便宜的餐廳？往同區域房價相對低的方向走就對啦！

- 健康的身體是為夢想奮鬥的本錢，千萬不要為了省錢而在吃的部分過分苛刻自己。

- 養成吃早午餐的習慣，1餐抵2餐很省錢。早午時段免費例湯料最多，利用例湯為自己免費加菜，不僅不用人擠人，還能放鬆心情慢慢吃，有益身體健康。

豐富多元的菜色也是養生之道

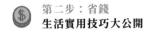
第 11 招

三餐不花錢與高額儲蓄險的試煉

在我從事房仲業的第 2 年起負債已達 300 萬元，當時還沒靠賣房子賺到錢，可我仍堅信這條路沒有走錯，畢竟基本功及人脈皆累積 1 年多，這時若輕言放棄太可惜了。

某夜我看財經節目，專家談到 1 個觀念：檢視支出，看哪些其實可以不用花費。縱使看起來已經省到了頂點，但一定還有哪裡能再省下一點點，就像擰濕毛巾一樣，多用點力就能再擠出水滴來。

因此，我開始思考如何把省錢發揮到極致？

三餐不花錢的日子

我其實很無趣，休閒娛樂的花費本來就很少，再省也省不了多少錢，於是我把腦筋動到三餐上……

再怎麼省，三餐總得要花錢吧？以每餐平均花費為 100 元來換算，等於 1 日就要 300 元，1 年就要 10 萬 9 千 5 百元，這已經可以抵掉我 7 個多月的房租了！我想，如果能做到「三餐不花錢」，長期累積下來就能多省下好幾萬元，因此決定就這麼辦！

晚餐：回老家當媽寶

從最好解決的晚餐開始講起，雖然我早已搬出去住（中山區），但到了晚餐時間，我只要願意回老家（松山區）跟爸媽一起用餐，就等於免費。

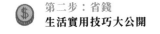
午餐：吃公司牌泡麵

公司每半個月也就是逢農曆初二、十六就會去市場買拜拜的祭品，必備的東西除了水果、飲料、零嘴之外就是泡麵，只要午餐都吃公司拜拜的泡麵，祭拜 1 次的分量足以讓我撐 7 次午餐，每月祭拜 2 次也就有 14 天可以吃免費泡麵，換句話說，在 1 個月當中我有半個月的午餐是可以不花錢的。

只是，剩下半個月呢？我該如何用最低的花費來解決午餐呢？

麵條（澱粉）：我去全聯買一大包重量 2 公斤的經濟麵，1 公斤可以吃 1 週，2 公斤剛好半個月吃完，每月只需買 1 包，金額約 100 元。

青菜（纖維）：一定要選當季的青菜！因為當季就是盛產，而盛產的青菜一定便宜！像全聯時常會賣沒包裝的裸賣青菜，通常就是最便宜的。

如果適逢水災或旱災導致青菜較貴，可以改買金針菇或

豆芽菜，我還記得金針菇 1 包最便宜有到 7 塊錢的，1 大包豆芽菜最便宜時也才 10 塊錢，而這些青菜的分量通常可以分 2～3 天吃，也就是 1 個月的青菜錢我大約只花 150 元。

雞蛋（蛋白質）：一般洗選蛋平均 1 顆 5 塊錢，1 個月總共 150 元。

再利用公司的廚房，使用免費的瓦斯來煮麵，並用公司牌烏醋與沙茶醬攪拌一下，就是香味撲鼻的乾拌麵了。

換算下來，我 1 個月的午餐成本總共才 400 元，也就是 1 餐不到 15 元。雖然花費已經壓到很低了，可畢竟還是有花錢，而且這樣吃其實不夠營養。

於是我又動腦筋，思考著該如何利用早餐回本並且兼顧營養。

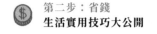
早餐：賣水果餐盒給同事

我早上會去公司附近的水果行，買至少 5 樣盛產較便宜的水果做綜合水果早餐，例如：蘋果、芭樂、柳丁、香蕉，各切四分之一，外加幾顆小番茄、葡萄。

平均成本大約是 100 元，我分成 4 盒，自己吃掉 1 盒，剩下 3 盒以每盒 50 元的價錢賣給同事們，也就賺了 150 元。扣掉買水果的成本 100 元之後，尚餘 50 元，可以用來與午餐費抵銷且還有盈餘。

就這樣，我維持三餐不花錢的模式長達至少 3 年以上的時間，假設 1 日三餐加總起來的花費是 300 元，3 年的時間我便省下了 32 萬 8 千 5 百元！

停損，有請媽媽代清償

一樣也是從財經節目聽專家說：理債、理財要同步，千

萬不要把賺來的錢通通都拿去還債，萬一哪天急要用錢時就完蛋了。可是，兩者間的比例該怎麼拿捏呢？專家說，要看還債的利率而定，如果利率高就優先還債，如果利率低，當然就一邊存錢，一邊慢慢還囉。既然如此，我該想辦法先讓「負債零利率」。

於是，我又把腦筋動到媽媽身上了，我把欠朋友的錢先請媽媽幫我一次代清償，將所有的「有息外債」通通變成「零利率內債」，在沒有利息壓力的狀態下努力賺錢。

請懂得舉一反三，如果你沒有像我一樣擁有富爸媽可以靠，面對債務時，你也可以選擇「利率最低的債主並集中成1筆債務」就能減輕不少壓力。

舉例：假設你欠甲（1%）、乙（2%）、丙（3%）各2萬元等於總共6萬元債務，那你就向甲債主再借4萬元，將乙、丙債務及早勾銷，只欠甲6萬元就好。換句話說，原本每月要還3次給不同的債主變成只要還1次，而且還是利率最低的。

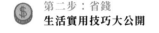
6 年儲蓄險的試煉

在從業的第 2 ～ 3 年間，可能是運氣比較好也可能是過去的耕耘逐漸開花結果，業績開始突飛猛進，一時高估自己的賺錢能力以為都能如此順利。於是在親戚間的捧場及銀行理專的慫恿下，我分別共買了 2 張 6 年期 1 萬美元的儲蓄險；換言之，我必須生出台幣約莫 60 萬元（2 萬美元）的保費並持續繳 6 年！

因此我在 2012 ～ 2018 年這段期間，只要賣房子賺到錢我都會「被迫」把美金保費優先繳掉，再扣掉生活的必要支出後（房租與水電瓦斯），假設還有剩再清償欠媽媽的無息內債，在這 6 年之中，我始終處在「活存歸零」的窘境。

談到儲蓄險，在絕大多數理財專家的眼裡是完全不推薦的工具，可是對於零底薪、收入不穩定的我而言，它卻是我在決心下降時的「緊箍圈」。也由於儲蓄險的「強迫」特性，它促使我把「先將該存的錢扣掉，剩餘的才可花用」奉為圭臬，也養成「凡事想想如何不花錢就能達到」的思維。

　　回想那段歲月，活得真有些自虐，卻也抱持感恩的心，若非歷經那 6 年的高壓，哪能將低度消費「修練成習慣」，雖然現在講起來有點臭屁，但我可不想再來第 2 遍啦！記得，千萬別高估自己，因為籌錢繳保費很辛苦的！若遇到緊急事故要用錢時，讓「不得不認賠解約」的憾事發生是很難過的！

　　所以再補充一點：「緊急預備金」也很重要。

投資前先把緊急預備金水位存滿

　　「緊急預備金」的水位應該要保持在月生活費的 6 倍，意思就是要讓自己可以在半年完全沒有收入的狀態下，依舊能心情穩定地活著。

　　像我當初以為自己很會賺錢，誰曉得 2013 年～ 2014 年間房市景氣反轉，緊接著我的主商圈大直「違規住宅」議題發酵，導致成交量急凍，生活壓力大到喘不過氣，還被逼得跑去夜市兼差當洗碗工呢！

最後，關於理財專家常說「理債、理財要同步」，我的感觸是，當我終於還清 380 萬元負債後的「同時」，恍然發現自己竟然也存了好幾桶金（12 萬美金），湧現的成就感外人難以體會，可說是激動到無法言喻啊！

有時花錢只是為了紓解壓力

我維持至少 3 年三餐幾乎不花錢，可是到後來卻常常焦慮、失眠、緊張，甚至被醫生診斷胃食道逆流，沒有適當的休息所獲得的成功，並非大家的好榜樣。所以，適時地放鬆，偶爾花錢吃好料、買東西紓解壓力、旅遊玩樂還是必要的。

雖然我已度過人生最難熬的階段，不過縱使到了現在，我仍維持晚餐不花錢的孝子模式，同時養成吃 1 餐抵 2 餐的早午餐習慣。

印尼炒麵，優惠價最便宜時 1 包才 8 塊錢。

媽媽的手路菜

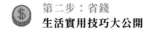
第 12 招

汽油 5 夠省！

有人說：「每次聽到那些『油價明天要漲，趕快去加油』或是『油價要跌了，明天再去加油』時我都嗤之以鼻，那樣到底能省多少錢？機車了不起幾塊錢，汽車頂多也就是一個便當錢，只要會賺錢，又何必對小錢斤斤計較呢？」

但其實，就是因為對「幾塊錢」不屑一顧，無形中錢流失的速度就特別快。若不趁很會賺錢的時候好好培養節儉的習慣，哪天遭逢巨變，收入減少，甚至失去工作時，屆時浪費的習慣將為你帶來莫大的痛苦。

以加油為例，縱然我只是機車族，卻早已養成 5 個習慣。

習慣 1：挑日子加油

我都會挑時間加油，這是最簡單也是人人都做得到的事，光是這個習慣，「你與浪費的距離」就此拉開。

我每次加滿油的金額大約介於 90 ～ 120 元之間，假設能省下 2 塊錢，換算起來就是大約 2%；週日或週一，差 1 天就能省一點，週週省，幾年下來也是一筆可觀的金額。

習慣 2：順路加油

記得！每次騎車去上班或是從公司回家的途中，查詢看看會不會順路經過哪個加油站，因為當你繞路或特地去加油，就會多耗損油料。尤其對於每次加油不過百元上下的機車族而言，「幾塊錢」的差距就是「幾%」，更要計較才行。

假設每次出門只是為了加油，沒有其他行程規劃，來回一趟耗損算 10 元，1 年 52 週就是浪費 520 元，而 520 元能

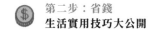
讓我加滿至少 4 次油呢！所以我都會安排好路線，讓加油這檔事安插在行程 A 至行程 B 的中間，而且是順路會經過的加油站。

習慣 3：自助式加油

以前因為怕太過依賴信用卡，控制不住消費欲望所以沒申辦，但由於自助加油比較省錢，加上我又是收入不穩定的業務工作，為了日後買房需要培養信用以利貸款等考量，才決定辦卡。

自助加油一定得用信用卡，而信用卡還會有本身的優惠。另外，網路上的資訊是自助加油每公升可折抵 0.8 元，我就把它簡化成 1 公升折 1 元比較好記。

我親身實測，每加 4 公升大約 100 元出頭就可以折抵 3 塊錢。我知道你可能不屑「3 塊錢」，但你應該要在意「3%」，銀行的定存利率現在連 1% 都不到，房貸利率在我

買房時也出現過史上最低的 1.31%。而加油，只要從工讀生服務改為自助式，便立刻享有近 3%的回饋，你怎麼可以放過？每週省 3 元，1 年就是 156 元啊！

習慣 4：用行動支付

建議綁定行動支付的理由是便於記帳，根據研究，多數有錢人都有記帳的習慣。而將消費記錄都儲存在雲端裡，不論是信用卡帳單還是手機 APP，那麼，這個月跟上個月在油資的花費有什麼變化？錢都花到哪兒去了？都能清楚感受這些項目錢的流向。

習慣 5：遇到 80 秒以上的紅燈就熄火

從油耗的角度來說，停車 10 秒就能和啟動時的油耗均

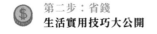
等，多出來的熄火時間就是省下來的油，比如我熄火等 15
秒的紅燈，那 5 秒就是省下來的油錢。

可由於頻繁啟動會傷電瓶，所以，只要我看到至少需等
80 秒以上的紅燈，我都會自動熄火等待，有專家仔細算過，
這樣 1 年下來也能省下好幾百塊錢，還能兼顧環保呢！

選擇一張適合自己的信用卡

我知道你會說：「都選擇自助加油了，當然一定是用信
用卡啊！」

我要說的是：「選擇哪家信用卡也很重要。」

我目前使用的是「現金回饋卡」，理由是，我是個既懶
惰又怕麻煩的人，現金回饋卡最適合像我這種「不愛燒腦理
財」的人。我不想累積點數換不需要的禮品，點數也怕忘記
換不小心過期，更不喜歡無法直接換現金，只能換虛擬貨幣

折抵消費這種囉唆的機制。總之，哪家信用卡的規則越簡單，

就是我的首選。

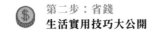 你省下買房金

　　每個人加油的頻率不同，為了方便你明瞭，假設每週加油 1 次，每次加 100 元就好，光是習慣 3 就能替我省下至少 3 塊錢。

　　再結合我的現金回饋信用卡折抵 1.22 元後，也就省下至少 4 塊錢。換句話說，每 1 次加油，我都享有至少 4% 以上的現金折扣！以 1 年 52 週累計，我就省下至少 208 元了，而且這還不包括習慣 1 喔！

　　若把「挑日子加油」併進去，以 2020 年 3 月 15 日為例，15 號週日宣布油價每公升調降 3.8 元，晚 1 天也就是 16 號再去加油，4 公升就省下 15.2 元；因為是去上班或回家的途中順便加油，所以沒有油耗費；接著選擇自助加油，100 出頭再折至少

3 元，搭配信用卡的現金回饋 1.22% 再折 1 塊多。
等於我那次加滿油就省下快 20 塊錢，幾乎是打 8
折了！

2020.03.16 油價下跌 3.8 塊錢

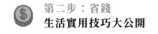
第 13 招

非必要開銷每月花多少？

撇開那些必要且金額變化不大的花費（三餐、房租、交通、水電瓦斯、勞健保等等），你有計算過關於那些可大可小的「非必要開銷」每月大約花了多少錢嗎？接下來我要分享自己每月在這些項目上的花費，同時也自我檢視。

爬山後的點心

原則上我每週會去爬 2 次山，爬山的花費是 0 元，唯一的開銷就是下山後偶爾會去買碗綠豆豆花吃，補充蛋白質與熱量，並且清熱解毒。而每碗豆花的價格是 40 元，假設每次爬山都吃 1 碗的話，1 個月就是 320 元。

看二輪電影

幾十年來我有個習慣，就是每週去看場二輪電影。二輪戲院有個優點，就是可以從早看到晚，中途還可以出去吃飯、逛街後再回來，當日不斷重複看都不加價。

另外對我而言還有個好處，由於我已經認識剪票人員，所以如果我很喜歡某部電影，想要收藏海報的話，只要跟她們說，待下片後，剪票阿姨就會把二手海報送給我。

以現在的首輪戲院來說，買張票加個爆米花和飲料就快要 500 元，就算有優惠也要約 300 元。可我看的二輪電影，1 次買 1 本套票（10 張售價 950 元），換算下來 1 張票只要 95 元，而二輪戲院固定 1 個廳播放 2 部片，換句話說我看 1 部電影才花 47.5 元而已。所以我每個月只要花 380 元，就可以看到 8 部電影且享有大銀幕的聲光效果喔！

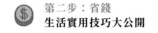

逛夜市吃小吃

我不愛去百貨公司用餐，總覺得口味制式，量少又不道地還比較貴。

我通常每週會去夜市消費 1 次，買個雞排、鹹水雞、水煎包、米粉湯、牛肉麵之類的餐點。至於飲料，我都會選擇「在地自營」手搖飲料攤，因為普遍比連鎖品牌便宜 10 ～ 20 塊錢以上。逛 1 次夜市的花費大約 300 元，1 個月就是 1200 元。

每月讀本書

我從 2020 年開始，規定自己每個月閱讀 1 本書，我發現養成閱讀習慣後的充實感真的很棒！建議你也可以買我的書來試試，哈哈。

如果你正處於負債狀態，可以選擇去圖書館借書，而且

市立圖書館還有提供免費的電子書借閱，對於不方便外出的人來說蠻方便的。如果你是正在努力存錢的小資族，也可以考慮買二手書。

由於我現在的經濟狀況穩定，加上本身也是作家，因此能夠同理身為一名作家期待讀者們花錢買書的渴望，所以我都會直接購買新書，每本預算約 300 元上下。

<h2 style="text-align:center">理髮</h2>

理髮可以說是必要，但預算可大可小的花費，畢竟頭髮總會變長。這幾十年來我只剪 100 元理髮，原本以為我已經夠省了，沒想到還是輸給爸爸和弟弟。因為我爸總是拿電動剃刀自己嚕一嚕就搞定了，每次剃完都像是剛出獄的更生人，但他自己不介意就好。

而弟弟自從娶了老婆之後，便再也沒花過錢剪頭髮了，因為他太太會幫他剪，時尚、免費又有情趣。結果反而花最

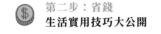
多錢剪髮的人是我。

購物

不論要買什麼東西，我都會在網路與實體店面進行比價，絕不衝動購買。

我曾經為了要買某牌的磁力項圈，發現實體店面售價為 860 元，而「比價網」最低甚至連 700 元都不到，看似網購比較便宜可魔鬼藏在細節裡。

網購有的價格未達一定額度要外加 100 元以上的運費，有的則是強迫你至少要買 2 個才有優惠，所以我還是選擇去屈臣氏購買，而且還特別挑週六，因為每逢週六點數 6 倍送，每 300 點還可以再折抵 1 塊錢！

由於我實在沒什麼購物欲，像這樣的花費真的久久才一次，就當作 1 個月花 1000 元吧！

唱歌

我很愛加班的其中一個原因是，我都會利用公司沒人在的時候，在辦公室獨處練唱。

我大概每 1 ～ 2 個月會去 1 次朋友開的酒吧唱歌，每次去只付低消 400 元，飲料通常是 2 罐可樂，接著就點歌唱，唱到累了或者是店家要打烊才回家。

交際應酬

這是近年來才有的預算，以前負債都不敢主動說要請客，而且我看起來比較稚嫩，往往是客戶請我吃飯，現在看起來比以前好過些，偶爾不請客自己也覺得怪，就當作是投資人脈存摺吧！

我每月大約會有一次要請客戶吃飯的需求，我的預算上限抓 1000 元，也就是每人 500 元。

項目	金額（元）
爬山後的點心：每月 8 次	320
二輪電影：每月 4 次	380
夜市小吃：每月 4 次	1200
閱讀：每月 1 本	300
理髮：每月 1 次	100
購物	1000
酒吧唱歌：每月 1 次	400
交際應酬：每月 1 次	1000
總計	4700

ㄓㄨ 你省下買房金

　　休閒活動無須揮霍，相信我，有錢未必能帶來快樂，而且他人營造的奢侈表象不叫「有錢」，而是「燒錢」。

　　適度休息是必要的，就算身為工作狂人的我，也不可能毫無娛樂。但這類花費本來就可多可少，甚至不需要花錢。為了美好的將來，你應該培養對「不花錢的休閒活動」感興趣，同時保持「缺錢感」降低購物欲。

　　算一算，我的非必要開銷平均每個月「最多」花 4700 元，那你呢？

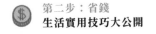
第 14 招

累積財富的 3 小方法

　　積少成多是大家都懂的概念。可「真正懂」又能付諸實踐的人有多少？在這裡分享我身體力行的 3 個方法，希望你也覺得受用。

1 筆錢，拆成多筆小定存

　　定存除了保本加微利，也是我們在尋找進場投資時機點之前最合適的資金停泊處，不管利率再低，至少比活存高一點而且隨時可解約，變現超容易。

　　只是，當你有 1 筆閒置資金時，該將這些錢全部綁在一

起還是拆成多筆小額定存呢？後者的方法是我看《佑佑努力記 3 年從零存款到百萬》這本書學習到的技巧，我覺得很棒，好處如下：

一、除非你刻意查詢，否則紙本存摺與網路銀行登入時只會顯示活存餘額，創造存款變少的錯覺，換句話說，只要讓「活存維持低度水位」，就能讓人在平時有意識地少花點。

二、靈活彈性，同時把利息極大化！人們無法知道明天跟意外哪個先到，金錢運用亦是，我們無法預測何時急需用錢。因此，假設你目前有 10 萬元並把它轉為 1 筆定存，哪天突然急需用到 5 萬元時卻得被迫解掉 10 萬元定存，是不是很可惜？然而，假設你拆成 2 筆定存（各 5 萬元），當你急需用錢時只需要解掉其中 1 筆即可，另外 1 筆仍然可以存到期滿，讓利息領好領滿。

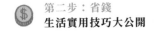
過水 ShopBack 網站，再用行動支付刷信用卡

現金的議價幅度通常比信用卡高，當你要消費時記得問老闆「付現是否有優惠」，如果有就用現金，畢竟信用卡會讓店家的利潤被銀行剝一層皮，你得到的折扣自然縮水。當然，如果付現跟刷卡的金額一樣，那就選擇刷卡。

選擇刷卡時，請先確認是否可以使用行動支付，如果是單純把信用卡綁定在手機裡的那種（像是 Apple Pay、Google Pay），在折扣上雖然跟實體卡片一樣，但至少方便查帳，對理財也有幫助，記得，多數有錢人都有記帳的習慣。

如果店家可以接受的行動支付包含像是「街口支付」或「Line Pay」之類的，那就盡量用，因為除了信用卡本身的回饋之外，上述的行動支付也可以享有額外的虛擬貨幣折抵（街口幣與 LINE POINTS），也就是「消費 1 次，雙重回饋」的概念。

至於「ShopBack」，它可是我現在網購前必過水的網站，以我每月買書的習慣為例，我會先進入 ShopBack 網站

再連結到網路書店找書，下單時用 Line Pay 刷信用卡，如此將 ShopBack、Line Pay 及信用卡結合，讓你一次性消費獲得「3 重」回饋，超級划算！

只花紙鈔，不花硬幣

記得，硬幣不是拿來花的，而是拿來存的！我始終保持一個習慣，在只能用現金的每次消費行為中，只花紙鈔，不花硬幣。每次買完東西後找零的錢幣，不論是 1 塊、5 塊、10 塊或 50 塊錢，我一回到公司就立刻存進撲滿，這讓我產生「錢怎麼這麼快就花完了」的錯覺。

而每到農曆新年前就是我的殺豬公日，我都會有一種「突然多了這些錢」的驚喜感！這些多出來的錢，我通常拿去旅遊、買新衣、吃美食犒賞自己，有時想不到可以做什麼，就把它存進銀行裡繼續滾雪球。

以前還沒使用信用卡時，我大約每 3 ～ 4 個月就能殺豬

公，使用信用卡之後大約每半年殺 1 次豬公，現在行動支付興盛，我存零錢的速度被拖慢了，目前的頻率則是 1 年 1 次。而每次結算的金額，最低也有 1.5 萬元，最高紀錄還曾經達 2.6 萬多元，都快要可以付我兩個月的房租了！

馬桶裡有錢，你撿不撿？

某日中午我去速食店用餐，發現廁所馬桶裡面竟然有 10 元硬幣，我想撿，可是想到那是排泄物的必經之處，縱然水看起來是清澈的仍心有障礙。

換作是你，拿還是不拿？請不要跟我說「跟店員講我的錢掉進馬桶請幫我撿」這種話，我會揍你。而我是這樣想的：

1. 想像自己是負債狀態。

2. 手髒了，洗手就好，反正沒人看見。

3. 要知道，生出 10 元的利息並不容易，你必須先

有 6000 元的錢母並搭配年利率 2%的理財工具
（現在銀行的定存利率已經連 1%都不到了），
還要花 1 個月的時間才能生出這 10 塊錢。因
此，如果我不撿，不是看不起 10 塊錢，而是看
不起它背後 6000 元的錢母。

於是我便鼓起勇氣伸手拿，然後趕緊用肥皂連同硬幣一
起洗手。

請重視每 1 塊錢

在《原來有錢人都這麼做》一書中有一段是這樣寫的：
「有錢人自居守財奴，重視每 1 塊錢。」這讓我想到過去我
也曾看過類似財經書籍所舉的情況，看到路邊有 1 塊錢，你
撿還是不撿？

不撿的代表人物：比爾蓋茲。因為他 1 分鐘幾百萬元上
下，撿錢的時間不如拿來賺錢。

撿錢代表人物：香港首富李嘉誠，某次 1 枚銅板掉出來滾到臭水溝，他試圖去撿；美國股神巴菲特，他搭電梯時發現地上有 1 塊錢，他看同乘電梯的人都沒有要撿，於是他撿；台塑集團創辦人王永慶，他的名言之一就是「賺 1 塊錢不是賺 1 塊錢；存 1 塊錢才是賺 1 塊錢」。

比爾蓋茲不是有錢人，而是超級富豪，那我們呢？伸手進馬桶拿錢與洗手時間加起來不過 1 分鐘，你 1 分鐘賺得到 10 元嗎？你工作時薪有達 600 元嗎？比爾蓋茲在逛街吃飯與朋友聊天時依舊有被動式收入，你有嗎？如果你是負債狀態或處於努力存錢累積財富的小資族，想想李嘉誠，他連臭水溝的錢都要撿，你有什麼理由不撿？你怎麼可以不撿？

順帶一提，為何有些人不花心思做預算與記帳卻一樣可以成為有錢人？因為他們刻意營造一種「缺錢感」，這樣就不用擔心會亂花錢了。

說了這麼多，如果沒有執行都只是空談，行動吧！讓我們一起用 3 小方法爭小利、存小錢，拼出大財富！

分行名稱	帳號	產品名稱	定存金額	利率
延吉分行	209	綜存定期		0.350%
延吉分行	209	綜存定期		0.350%
延吉分行	209	綜存定期		0.350%
延吉分行	209	綜存定期		0.350%
延吉分行	209	綜存定期		0.350%
延吉分行	209	綜存定期		0.370%
延吉分行	209	綜存定期		0.350%
延吉分行	209	綜存定期		0.370%
延吉分行	209	綜存定期		0.350%
延吉分行	209	綜存定期		0.350%
延吉分行	209	綜存定期		0.630%
延吉分行	209	綜存定期		0.350%
延吉分行	209	綜存定期		0.370%
延吉分行	209	綜存定期		0.350%
延吉分行	209	綜存定期		0.350%
延吉分行	209	綜存定期		0.350%
	筆數：16筆	總金額：		

定存單

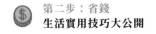
第 15 招

善用生日：拓展人脈、儲備生活物資

　　說到生日，常見的形態不外乎是與親友聚餐、吃飯、喝酒、唱歌⋯⋯簡單講就是一個燒錢的日子。可是如果你只是這樣想而已，那就太可惜也太浪費這個一年當中屬於你最重要的日子了！

　　我幾乎每年都會辦生日餐會，邀請好友們一起吃飯交流，表面上看似沒什麼，但其實我將投資與省錢的觀念套用在裡面了！

選擇餐廳 3 原則

關於生日餐會的場地選擇，如果你以為我只是隨便找一家餐廳包場的話，那就太小看我了！我辦餐會所選擇的餐廳都是經過深思熟慮，以下是我選擇場地的 3 個原則：

一是用餐形式，由於我的朋友們來自各個行業，每個人下班的時間都不同，有的甚至晚上 8 點才下班，到現場都快 9 點了，再加上防疫意識抬頭，我不選擇桌菜，而是選擇單點或套餐類，不僅衛生，晚到的人也不會只能吃冷掉的菜。

二是空間與地理位置，畢竟是人數眾多的聚會，如果餐廳空間是狹長型，朋友們彼此很難聊天，所以場地的格局一定要選開闊便於聊天的，當然交通一定要便利，否則也會影響朋友們報名的意願。

第三點最重要，我一定會挑親朋好友或客戶開的餐廳，因為這樣不僅可以享受打折優惠、菜色加量、延長營業時間讓大家可以盡興地聊天之外，更重要的是老闆也會特別感謝壽星，畢竟你一捧場就是消費上萬元的金額。

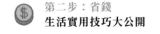
一次性請客，展現好人緣，省錢又省時

我將過去 1 年裡，跟我成交過的客戶、採訪過我的記者好友們，這些名單通通記錄累積，等到生日前 1 個月時再統一發函邀請。

不曉得你可曾想過，當你請 1 個人吃飯時，其實要花 2 個人的時間與費用（自己＋對方）；換句話說，當你「分別」請 50 個人吃飯的話，你就要準備 100 人份的預算與時間。而這其中有一半（50 人份）的餐費根本是被自己吃掉的，這樣不是很浪費金錢跟時間嗎？

因此，如果你也能像我一樣，將「感恩名單」累積成 1 年份，將過去 1 年來幫過你的朋友一次性大請客，就只花 50 位朋友＋1 位（自己）＝ 51 個人的餐費而已，換言之，便替自己省下了 49 人份的餐費！

時間也一樣，請朋友吃頓飯含交通時間起碼 3 小時，以 50 人次計算，個別請客就要花上 150 個小時，如果改成一次性請客，辦餐會大約花 4 個小時，換算下來，我替自己在

1 年之中省下了 146 個小時，也就是整整 6 天以上的寶貴時間！以目前工讀生最低薪資每小時 160 元計算，我等於省下了 23360 元！

擴大與深化人脈網

人們常說出外靠朋友，人在江湖，受到朋友的幫助而積欠人情在所難免，回敬感謝是理所當然亦是禮貌。

一直以來，我都會以生日名義邀請朋友來聚餐，目的就是為了讓他們知道我是個懂得回饋的人，這樣朋友們將來才願意繼續幫助我。所以，縱使平時我對自己很摳，可一旦要請朋友吃飯時就變得比較大方，我總是抱持著感恩的心對朋友們說：「謝謝願意賞光讓我請吃飯，這樣我才捨得花錢吃好料。」

而邀請朋友參加生日餐會，也能讓各個不同領域的朋友藉此互相認識，這種從間接變成直接關係的機會，讓「我的

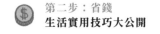
朋友也是你的朋友」，無形中串連起日後更穩固的人際關係。

禮物自用、借花獻佛兩相宜

我最想講來臭屁的是，我都會利用生日換取需要或是想要的「物資」。

我每次傳生日邀請函時，內文都會挑明講：不要送我裝飾、藝術、紀念品，如果要送禮，請送食品、消耗、實用、保健食品。因此，每年生日我都會收到一堆生活用品。

像是筆，我已經不記得有多久沒花錢買筆了，雖然朋友們不至於買太貴如萬寶龍的筆送我，但每年生日總是有朋友送我好看又好寫的筆，讓我可以當簽約筆用。

還有保健食品，我在 2019 年生日時，公司執行長送我 2 罐 B 群，1 罐有 120 顆，光這樣我就省下了 8 個月的保健食品費！另外，公司的法務也於 2018 年生日時送我行動電

源，我到現在都還在用。

還有忘年之交「龍哥」（前立委陳朝龍），他也送過我 1 年份的牙膏，有的客戶會送我沐浴乳、洗髮精、乳液、衣服、蜂蜜、果醋、酒等等，也有客戶直接贊助我生日蛋糕（2020 年生日餐會的盧姐），這些都讓我省下好多錢！

當然，生日禮物中免不了有些是不需要或不想要的，日後也可以拿來借花獻佛，畢竟我已有了年紀，拜訪客戶不能再像以前菜鳥時期一樣兩手空空，那些用不著的生日禮物拿來當伴手禮，再適合不過了！

說到這裡，你是否已經意識到要認真規劃自己往後每年的生日呢？

你省下買房金

- 把生日禮物做分類，需要的自用，不需要的拿去日後借花獻佛當伴手禮。

- 把生日請朋友吃飯的費用當作是預購未來的民生物資，藉由生日禮物降低日後的生活開銷。

- 舉辦生日餐會，投資人脈存摺，捧場朋友開的餐廳也能享有打折、菜色加量、延長營業時間等優惠。

- 把請客名單累積成 1 年份，然後藉由生日名義一次性請客，熱鬧也展現好人緣，還能省下許多寶貴的時間與金錢。

2019 年的生日禮物

2020 年的生日禮物

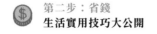

第 16 招

節流放大絕——寄生公司

多年來我始終把公司當成「第 2 個家」，這句話乍聽之下好像我是一位對公司向心力極強，且熱愛工作的房仲，（雖然的確如此）但其實你未必瞭解我這句話的真正涵義。

把公司當成第 2 個家的好處多多！延長待在公司的時間，除了可以養成「每天多做一點工作相關事務」的習慣之外，你還能藉此「寄生公司」。

把公司當充電站

以手機為例，除非是一連好幾天的農曆年假，否則我是

絕對不在家裡充電的。

　　我早已養成到公司才充電的習慣，每天進公司的第一件事情，就是先將手機充電，我也會刻意等到充飽電之後才下班回家。而且我現在還準備了 3 顆行動電源輪流在公司充電，好讓我在家裡、戶外也能享受到公司的電。

把公司當書房

　　我當了十幾年的租屋族，但我住的地方從來沒有安裝過桌上型電腦，甚至連筆電都沒有，因為公司是我家的一部分，公司就是我的書房。

　　在租金高漲的台北市，就算月租金 2 萬元也只能住在好一點的小套房，把公司當成書房作為「家的延伸」，久了你會習慣有兩處棲身之所，錯覺「家變大了」。

　　水能載舟，亦能覆舟。我認為家中有電腦其實是種誘惑，

不小心就讓人沉迷於網路而虛度光陰；但在公司就不同了，它會變成工作的工具，縱然偶爾用來處理私事也不能花太多時間，畢竟要顧慮同事的感受。因此在公司用電腦的大半時間，你只會，也只能用來處理公事，這是提高工作效率的方法之一。

還有，我手機的網路也不是無限量的，因為如果網路用量有限，大腦就會告訴自己：「需要用，再用；想要用，到公司再用。」一旦申辦網路吃到飽，手機便不只是工作用，也會拿來娛樂用，黏在手機螢幕前的時間越久，對健康也會造成不良影響。

或許你會說，萬一網路用量滿了怎麼辦？其實你多慮了，只要不看影片就絕對夠用。以我手機月租金299元為例，每月有3GB的4G網路可以用，每次到了結帳日，用量仍綽綽有餘。因為在上班時使用的是公司免費wifi，實際上用到自己網路的時間真的不多。

把公司當會客廳

身為業務員的我們，每次與客戶相約在外時，往往都會選在咖啡廳，然後就得花錢請客戶喝飲料，畢竟我們是服務業，與客戶彼此「各付各的」感覺有點怪。

約在小朋友愛去且平價的麥當勞似乎不適合，約在星巴克對荷包又有點傷，也不可能請客戶喝咖啡然後自己喝白開水，這樣客戶喝起來會不自在。就算客戶願意各付各的，隨便一杯咖啡還是要價破百，這樣就花掉一餐的伙食費了。

因此我都會盡量邀請客戶來公司，我們公司的裝潢布置很有質感，空間又大又寬敞，而且公司的咖啡機頗高級，現磨出來的咖啡特別香醇！再搭配公司提供的餅乾、糖果、水果，完全沒花到錢又能服務客戶，何樂而不為？

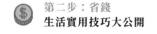
幫公司採買

我之前待的房仲公司，每逢農曆初二、十六都會祭拜神明來祈求生意興隆，因此就需要採買供品。我總是很愛幫公司跑腿，因為這樣我去賣場時，除了可以挑選喜歡的零嘴、水果與泡麵，結帳時所使用的會員卡也是自己的，用公司的錢替自己累積會員點數就是爽！

而且，當時的同事們都知道我負債，所以拜拜過後的泡麵幾乎都「禮讓」給我當午餐，讓我因此省下了好幾年的午餐錢。

把公司當補水站

我在前公司有個誇張的舉動，就是曾經天天拿空水桶去公司裝滿水，再帶回家飲用，後來家中購置了濾水壺、快煮壺與保溫壺後，我就停止這樣的行為了。

不過，我現在不時也會瞧見公司裡有同事效法我當年的做法，利用公司的飲水機裝滿特大水壺再離開，顯然有不少小資族跟我一樣，選擇在外多喝水，少喝飲料，省錢又健康。

生活所需的花費，盡量移轉讓公司吸收

根據統計，多數有錢人每週累計的工作時數約為 45 ～ 55 小時之間，換言之，若把週休 2 日排除，只除以 5 天的話，有錢人每天的工作時數約落在 9 ～ 11 個小時。想當有錢人嗎？待在公司的時間越久，就越有機會成功。

只是，該如何讓自己喜愛待在公司呢？訣竅在於，把生活所需耗費的項目盡量讓公司吸收，將公司當成你「第 2 個家」，待在家的時間越少，開銷就越低。最好讓家裡僅剩下洗澡、睡覺的功能，這樣一來，家裡的開銷便可壓低至「趨近於只有房租」。

而在公司的時間拉長了以後，「辦公室文化」會促使你

大半時間都在做公事，久而久之付出的工作量增加，也會讓
業績有明顯的進步。記得，網路不用吃到飽，在家不安裝電
腦！回家時無法工作，大腦才能分辨「公、私情境」，才會
獲得真正的休息。

你現在終於知道，為何許多人佩服我幾乎天天都待在公
司的祕密了吧！歡迎效法，但有個前提，你必須要有產能（業
績），否則老闆可是會特別關注你喔！

上班時，同時在辦公桌下將手機與行動電源充電。

第三步

工作

房仲業務

第 17 招

（業務力＋人脈）× 時間＝複利效果

業務型態的工作分成許多不同類型，以直銷來說，成員（上線）會拿鑽石級的收入，並告訴你只要拉人加入組織（下線），未來便會有源源不絕的被動收入；保險也是，學長姊會舉老鳥為例，傳達只要辛苦一陣子，累積客戶群加上續保佣金，以及團隊（下線）帶來的業績，你將達到財富自由。

房仲雖然也是業務，卻往往被批評成交後就歸零，下次什麼時候才有收入不知道，且房子總價高，1年都未必能成交1間。但，真的是如此嗎？

萬事起頭難

記得我剛入行時什麼都不懂，學長也不願意教（同事間存在競爭關係），每天就像無頭蒼蠅般四處摸索。

人生地不熟只能先從掃街、畫地圖起步，把每棟大樓的名稱、屋齡、戶數、坪型、地址等資料，包含附近有什麼地標都記下來，沿路拜訪每棟社區的管理員，偶爾送杯便宜的手搖飲料藉機開聊博感情，看看管理員是否願意透露什麼有用的訊息。

手上沒有買家，只能努力開發物件，不論什麼通通都接進來。接著，就是上 591 網站設定「屋主自刊」後搜尋物件並去電懇請委託，不然就是比對同行刊登的物件查詢正確住址再寄開發信。為了避免被管理員判斷為廣告信而過濾掉，與提升屋主願意把信拆開來看的機率，我還會用喜帖的方式郵寄過去（小朋友不要學）。如果地址不遠，我也一定會騎車親自登門拜訪，當然，撲空、吃閉門羹是家常便飯。

找到願意委賣的屋主後，接下來就是簽委託→拍屋況照

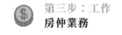
→做資料→上架廣告→等待買家來電詢問，或值班時等待來店客出現以累積客戶名單。

從業的第 1 年，我的年收入才約 8 萬元，換算下來月收入不到 7000 元，這是最難熬的階段。縱使感受到各方面都在累積當中卻苦無成果，只能安慰自己好事多磨，繼續咬牙苦撐。這也是為什麼每當有人要我教他時，我都會說：「等你有『半年沒收入依舊能堅強活著』的心理準備後再來，不然就先去有保障底薪的直營體系學習吧！」

勤能補拙

從業第 2 年起，我邊學習邊調整作業方式，漸漸對每棟大樓越來越熟悉，客源也隨之增加，開始懂得客戶表達的意思到底是什麼，也越來越能運用同理心掌握客戶的需求。

只是，我始終無法獨立作業，每當有準買（誠意的買家）出現，說服客戶下斡旋及「收斡旋之後，簽約之前」這段關

鍵談判期間，我總是要倚賴店長的協助，無法單靠自己的能力結案。

這段期間，我每天睡醒就工作，月休頂多 1～2 天，生活沒有任何休閒娛樂，連農曆過年期間休息 3 天後（除夕至初二），工作狂的我便忍不住跑去上班，且幾乎每天都是最後一個下班，忙到晚上 11～12 點打烊更是常態。這樣的狀態，我維持了至少 6 年。

而在從業第 2～6 年期間，我的年收入平均換算月收入至少都 10 萬元起跳。

漸入佳境

從業第 7 年起，小小的大直地區發生地產質變，市政府開始嚴格掃蕩違規住宅，只要土地使用分區為商業區或娛樂區，若不將房屋稅率改為「非住宅」（商業或非住非營），將進行連續開罰甚至斷水斷電。商業宅的居民群起抗爭，買

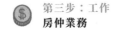
家不敢買，僅剩住宅區可賣，總量體不夠，僧（房仲）多粥（房源）少，實在無奈！

與此同時，遭逢阿嬤過世，服喪期間思考自己未來的路，有了換公司的念頭，因緣際會來到大安區的房仲公司。

由於公司的「開放、跨區」文化與傳統店頭的「在地精耕」截然不同，逐漸地，我經營的區域已不僅限於大直，甚至遠及新竹、基隆、台中，都有我接案的足跡。更替自己感到驕傲的是，我不再需要他人協助已可獨立完美結案。

另外，我現在平均每月至少會有 2 個被動委託，案源多到我必須用「只接專任約」（獨家）的說法來擋掉一堆一般委託，如今的我已經從過去「有案就接」變成「挑案子」了。

從業第 8 ～ 10 年，也就是在大安區房仲公司的第 1 ～ 3 年期間，我始終保持「成交案件量及頻率」第 1 名的成績，更棒的是我的下班時間已縮短至晚上 9 ～ 10 點，而且只要隔天上午沒有要去拜訪客戶或帶看行程，我都睡到自然醒。這時的收入，平均每月依舊維持至少 10 萬元以上。

十年磨一劍

2020 年，從業第 10 年，年過 35 歲的我，身體開始出狀況（胃食道逆流），體力也明顯下降。與此同時，無債一身輕，高額儲蓄險已繳清且複利滾存中，買房的自備款也存到了。

這時，我突然覺得人生不該只有業績，還有健康、夢想及其他規劃。於是，在糧草充足的前提下，我做了一個重大的決定：整年度只用心服務專任委託我的客戶（不再主動開發物件）！並下筆執行人生第 2 本書。

我大膽拿一整年的時間做實驗，看是否能單靠老客戶回流與口碑轉介賺到足夠的生活費，而空出來的大半時間就是爬山運動與寫作築夢。

如今，我的生活作息出現明顯的改變。上午睡到自然醒，下午照常工作，晚上則是閉關寫作、看書、看學習及理財型的 Youtube 影片、每週爬 2 次山。

雖然業績有受到影響，卻反而破了自己的紀錄，月月都成交，月月有收入。我在非常輕鬆的心境下小泡不斷（房仲術語：冒泡就是成交的意思），年收入仍破百萬元，即使收入下滑，卻還是比一般固定月薪的上班族來得好。加上我早已養成低度消費的習慣，賺來的錢扣掉開銷後仍綽綽有餘，心靈更獲得前所未有的充實感！我知道，從此我不用再那麼辛苦，也能養活自己並持續累積財富。

事實證明，房仲業務只要用心經營，絕對也能像其他類型的業務一樣，隨著時間的累積產生複利效果。

你省下買房金

- 不管你從事何種職業，記得，萬事起頭難，對自己說：「我若不勇敢，沒人替我堅強。」

- 天道酬勤，邊做邊調整、檢討，時間累積的甜美果實，別人搶不走。

- 一切可以被時間證明出價值的事物，都是最珍貴的寶物，金錢投資、工作能力、人脈資源，這些通通都是。

- 如果可以，請避免「為別人賣命」、「做再多，薪水還是一樣」的工作，若暫時無法，至少，選擇可以讓你「學習」或「累積」的工作。縱然是同類型工作，你也可以試著向老闆溝通，看能否採「底薪＋獎金（業務、接案量）」雙制度，這樣做起事來也比較起勁。

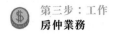
第 18 招

你所不知道的房仲省錢祕辛

多數人對「房仲」這個職業的認知不外乎這幾個。一是有機會成交豪宅而發大財；二是如果遇到急售的蘋果級物件，可以當投資客優先搶在銷售前買下來；三是除了時間與廣告成本之外，房仲幾乎可以說是一種不用預先投入大筆資金的微型創業。

除此之外，房仲還有許多省錢的祕辛，主要是因為房仲可以跟很多的產業連結，像我最常被問到的是：是否有推薦的水電、抓漏、木工、裝修、電器、家具、油漆、搬家、鎖匠等廠商，這時，我也都會很熱心地推薦跟我長期合作的師傅們。

水電：許師傅

居家修繕中最常聯繫的就是水電師傅了，像是燈泡不亮、馬桶堵塞、管線翻新等等。以前我曾接觸過其他水電師傅，有的明顯是趁火打劫，記得有一次客戶請我推薦師傅，之後卻回頭跟我抱怨費用非常高，甚至懷疑我是否有拿回扣，讓我覺得頗委屈。

直到認識了許師傅之後，可以明顯感受到他的利潤都抓很低，因此後來我都向客戶介紹他。有一次我家的木頭抽屜散了，他免費幫我用塑鋼土黏牢；還有，我老家要從四樓加長電線延伸到頂樓，加裝電燈泡給毛小孩休息用，他也特地到外區來協助，而且只跟我收材料費不收工錢，讓我省下不少錢。

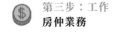
電器：賈師傅

　　無論是冷氣機、冰箱、除濕機還是洗衣機，原則上賈師傅都可以取得各家原廠的電器與零件。在這邊要說明的是，單純跟他買電器其實便宜不到哪裡去，畢竟電器的利潤已經很低了。重點是，如果你跟他買電器的話，就等同於也買了「專屬的」售後到府維修與保養服務。

　　假如你去大賣場買電器，日後遇到故障時……

　　首先，你得撥打客服電話→客服窗口通知維修人員→等待維修人員回電，安排時間去現場檢測→報價→維修或更新。光上述這樣的流程可能就要花上 2～3 天，遇到旺季可能會更久。另外，現代人工作繁忙，早出晚歸的不少，有些甚至要假日才有空讓維修人員進屋，有的廠商礙於勞基法，以致於維修人員無法配合在特殊時段到府服務，而且如果當下覺得報價太貴而放棄維修，還是得支付到府服務的檢測、交通費。

　　上述這些問題，賈師傅都能解決消費者的不便。

有一次我客戶的 L 牌洗衣機故障，他打給原廠卻感受維修人員不夠專業，且時間難配合，於是我向他推薦了賈師傅，果然沒讓我的客戶失望，賈師傅不僅配合房客的下班時間於晚上 10 點到府服務，也調到了原廠零件並維修完成，而且報價很實在喔！

　　由於我都會為賈師傅介紹客戶的關係，我家冷氣過去幾次的保養他都不跟我收費，之前洗衣機老舊要更換零件也不跟我收錢，後來我實在過意不去，跟他說「有向房東請款」，他才願意打折收費，讓我省下了不少錢。

鎖匠：林師傅

　　鎖匠其實是門很需要經驗累積的專業，並不是每一位鎖匠都能解開每一種鎖。我曾遇到某位鎖頭打不開的房客向我求救，找了 A 鎖匠，A 說很複雜並建議我換新的比較快，後來找了林師傅，他拆解下來帶回去研究一下，幾個小時後便

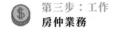
通知我解開了！

另外，房仲工作其實很常需要自費複製鑰匙，畢竟屋主都願意給我們委賣的機會了，我們哪還好意思跟屋主收複製鑰匙的費用，由於我都會為林師傅介紹生意，後來幾次我自己需要複製鑰匙時，林師傅不是不收費就是算我很便宜，也讓我因此省下不少錢呢！

搬家：丁先生

有些搬家公司的費用很高，如果服務周到也就罷了，但我曾經介紹搬家公司給客戶，結果客戶的嫁妝（珠寶金飾）竟然在搬家中消失！客戶還因此報案調閱監視器，事情鬧很大，我也被責怪，尷尬又難受。

後來發生大直商業區違規住宅事件，一時之間大直有上百名住戶有搬家需求，我在每個社區主任的推薦與比較之下認識了丁先生，沒想到一試成主顧！現在只要客戶有搬家需

求，我都會推薦丁先生。

有一次，某房子有張二手高級床墊及一台洗衣機，屋主因為房子賣掉所以不需要了。這時，我想到家裡床墊的彈簧已經坍塌，一直捨不得換，還有洗衣機也快壞了，剛好用得著！於是我請丁先生協助，沒想到他竟然免費幫我將床墊、洗衣機搬去我的租屋處，還幫我把舊床墊、舊洗衣機搬下來丟掉，讓我省了不少搬運費！

順帶一提，每次遇到屋主把房子賣掉，或是房客租約到期要退租時，我總是特別興奮！畢竟我服務的是大直豪宅區，屋主或房客常常會留下一些他們不要卻還很好用的東西，我都會拿回家繼續使用。

像上述我提過的床墊與洗衣機，包含我家的快煮壺、濾水壺、烘被機，以及我放在公司桌面的檯燈，都是前居住者不要的東西，惜福愛物的我全拿回家繼續使用，這讓我省下超多錢！

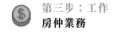
油漆：許師傅

通常油漆師傅是不願意接小工程的，一趟出去就要有最起碼的收費，行情起跳是 3000 元。但我與許師傅認識夠久，除了報價相對便宜，有些才 1000 ～ 2000 元的迷你工程，他也會衝著我的面子接案。

還記得我剛搬家到租屋處時，嫌房東將屋內粉刷得很醜，於是請許師傅幫我重新粉刷，許師傅不僅算我便宜還把剩下的漆留給我，這樣將來牆壁局部若髒了還可自行補漆，我又因此省下不少錢啦！

紗窗紗門：鍾師傅

過去我幫鍾師傅介紹過許多客戶，某天輪到我家要換紗門了，鍾師傅不僅幫我把紗門處理好，也幫我把軌道調整好，費用打折不說，另外他還發現我家門的鎖頭有點卡，便免費

幫我在門鎖接縫處重新上油與調整，讓我從此開關門時更順手，又省下不少錢！

收回扣不是賺更大？

有的房仲會利用上述的合作模式要回扣，有些師傅甚至不用你暗示便會主動給，但這不是我的風格，我選擇利用這份關係提升服務品質，因為短期的金錢不是我在乎的，長遠的口碑才是我要的。

我都跟師傅們說：「把打算給我的直接回饋給我的客戶們，讓他們覺得你們專業、便宜、服務好，讓客戶對『陳泰源介紹的師傅』都豎起大拇指，這就是對我最好的回報。」也因為我不拿回扣，日後當自己有需要時，師傅們都會主動打折甚至免費，這樣的循環就是互惠的真諦。

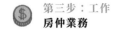
找老鳥房仲介紹維修員就對了！

「修繕費用該誰出？」這是我時常要替房東與房客協調的問題。與我長期合作的師傅們早已養成很好的默契，特別是遇到需由房東支付費用時，他們都會將維修前、中、後的過程拍照加錄影，並附上收據傳給我，讓我好跟房東交代。

每一位房仲變老鳥了，身旁自然有一群與你合得來的居家產業廠商或維修員，合作久了，哪天輪到自己家裡也需要時，他們就是幫自己省錢的好幫手。想發大財又想省很多錢嗎？做房仲就對了！

你省下買房金

- 房仲除了有機會賺大錢，跟其他行業相比，也是最能替自己在日常生活中省下開銷的職業。

- 假設你從事房仲業，當客戶請你幫忙介紹廠商或維修人員時，建議不要收「有價回扣」，讓廠商感謝你的引薦，更能提升服務品質以換取「無價好口碑」，將來輪到自己需要時，廠商也會給予打折優惠甚至免費。

第四步

斜槓

靠多元發展為自己加薪

第 **19** 招

寫作、演講、上節目通告

　　我的主要收入來源是房屋仲介買賣與租賃，但畢竟零底薪、收入不穩定，與固定月薪工作相比較沒安全感。卻也因為時間自由讓我可以規劃斜槓人生，藉著多元身分拓展跨領域的收入與機會。而我究竟有哪些業外收入呢？

演講

　　演講就是一種分享，每個人都有自己的職業、興趣或專長，光上述 3 項就是演講題目的基本款了。

　　以我的經歷來說，我有過明星夢曾試圖勇闖演藝圈，也

曾擔任雅虎奇摩超級商城的招商講師，從政參選導致負債並開啟自虐式的勤儉生活，而現職是房屋仲介買賣與租賃，另外 2020 年我爸媽（地主）與建商談合建爆發糾紛，光上述這些，我可以講的題目就很多了，像是以下。

跑龍套及臨演趣事、網路和自媒體行銷竅門、選舉甘苦談、從負債到買房之逆轉勝的勵志故事、各個產業的服務品質如何提升、省錢撇步與存錢方法、如何跟房仲打交道、房仲的辛酸、業務技巧精進、客戶與社區的經營之道、好房怎麼挑、房地產相關的知識及最新時事有哪些、房東與房客該注意些什麼、與建商談合建時契約該怎麼簽，地主才不會被騙……這些，都是我可以演講的題目。

而邀請我演講的單位早已不只房地產公司，過去我也曾接受過遠傳電信、交通部高速公路局、民間傳統企業的邀約，2020 年 10 月也受德明財經科技大學的邀請演講。隨著我的演講題目越來越多元之後，受邀的頻率也隨之增加，現在每年平均至少有 4 場以上的演講機會。

對了，演講本身也是一門專業。怎麼講才生動有趣？如

何與台下觀眾互動？演講 PPT 檔案該如何編輯？這些我也頗有心得，因此若邀約我講「如何演講」我也可以喔！

作家

人人都知道紙本弱化是趨勢，但我還是鼓勵你出書，因為書是個人的最佳名片，可當伴手禮還能順便推銷自己，讓客戶對你印象深刻。除此之外，有了作家身分的加持也能間接提升你的專業形象。

以房仲為例，多數同業只能在地產類的網站曝光（例如：公司官網、591 售屋網等），但身為「房仲作家」的我卻可以在書市中被看見。根據研究，88%的有錢人有每天至少閱讀半小時的習慣，因此如果你想變成有錢人，或者希望被有錢人看見，那就出書吧！

縱然現在書市景氣差，可我每年至少都能賣個幾百本，我也會利用演講時順便賣書，而賣書的版稅，是我所有業外

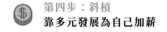
收入中最不費力的被動收入。

臨時演員與通告來賓

我就學時期念的是戲劇科系，表達能力還可以也熱愛表演，因此偶爾有上綜藝、談話性、益智類、廣播電台，甚至戲劇演出的通告。這些機會不僅可以賺錢，也能順便提升知名度，而且，這也是與跨領域專家交友的管道之一，畢竟能受邀上節目的人，就是製作單位對來賓的一種肯定。這類的通告，我平均1年最少有4次機會。

婚禮歌手與活動主持人

我在大學時期試鏡上了華視教學節目《甲上學園》，那時進棚錄影累計達300多集，猶如閉關修練，白天當「土豆

葛格」，晚上當大學生，光那時的收入就讓我靠自己繳清學費還存下不少錢，重點是我的主持功力也因此累積了深厚的底子。

至於唱歌，以前只是單純興趣且只唱抒情類，後來2012 年報名了《超級偶像 7》的歌唱比賽後，一路從萬人海選→百人進棚→前 36 強，最後 PK 到前 21 強時才被淘汰，經過幾輪演唱會規模的高壓洗禮後，我的唱功與歌路就此產生進化與改變，現在連饒舌、飆高音等歌曲，我也都十分拿手呢！

現在每每遇到親朋好友結婚，或是客戶公司舉辦產品發表會、尾牙時，我總能提供多元的服務：主持＋唱歌。平均1 年至少有 2 次機會，若逢選舉期間則更多！

斜槓助益本業

我每參加 1 場節目錄影便會與來賓結緣認識，當中不乏

主持人、名嘴、藝人等，往往因此接到買房委託，也常常在演講後接到賣屋委託，當然也有案例是看過我的書之後來電委託賣房的。

撇開房仲本業，每年我光靠演講、通告、作家、主持人、歌手等多元身分賺快外，加起來的業外收入至少是我房租的5倍！換句話說，我1年當中只有7個月份的房租是靠房仲本業的收入來支付的。

有人說，成功有兩種，一種是在其專業領域達前5%，另一種則是在多項領域裡排名前25%。第一種通常很難，且萬一趨勢、社會結構改變，還可能面臨夕陽產業的淘汰危機，相較之下第二種比較容易。

我不是頂尖業務，但我賣房子的業績排名始終保持中上；我不是黃子佼，但我還是會主持；我不是陳建斌，但我還是會演戲；我不是謝和弦，但我還是會唱歌；我不是吳若權，但我還是會寫文章；我不是蔡康永，但我還是會演講。我，就是以此為目標，發展斜槓人生帶來業外收入，還能拓展多條後路與機會，並有助於本業，人生也因此更多采多姿！

你省下買房金

- 斜槓往往有助於本業，還能拓展跨領域人脈。

- 斜槓人生不單單是為了收入，更為了築夢踏實。

- 多元發展是「萬一本業面臨夕陽趨勢時」所買的保險。

- 不要在有經濟壓力的情況下發展多元收入，本業要顧好。

- 運用自身的職業、興趣與專長，透過寫書或影片等方式分享，賺版稅、點閱、曝光、經驗，透過時間累積進而兌換成功。

參加節目錄影，認識新朋友，還能賺曝光及通告費。

2021 年 4 月 23 日再次受邀到德明財經科技大學演講。

第 20 招

選擇「高附加價值」的兼差

過去我曾因為經濟壓力兩度兼差，如今在疫情的衝擊下，縱然台灣股匯雙漲，卻跟基層民眾的實際感受明顯脫鉤，尤其是靠觀光客消費的產業與商圈更是慘不忍睹。

你是否正處於彈盡糧絕的窘境？若被環境所逼而不得不兼差，請盡量挑選除了賺錢之外，還能「學習、累積、延伸」的兼差。

臨時演員

2010 年 7 月我因選舉負債跑去做房仲，當時關於房地

產的知識、能力與人脈都還在累積中，因此第一年的業績只能用「慘」字形容，只好一邊兼差當臨演。

當演員本來就是我的興趣，除了可以賺通告費，三餐時間也有免費的便當吃，還可以跟喜歡的明星合照，幾句台詞就能賺曝光，說不定還會因此被星探相中而出道呢！（好啦，做白日夢比較快）話說回來，我在與客戶討論房屋買賣等正經事，偶爾會被客戶從電視上認出來，除了增添話題，氣氛也輕鬆不少。

洗碗工

我從事房仲業的第 2 年後，跳槽到第 2 家房仲公司（台灣房屋大直加盟店），當時高估自己的能力，在理專的慫恿下買了高額的儲蓄險，年繳 2 萬元美金的保費數度壓得我喘不過氣，加上政府展開一波波的打房政策，讓房市景氣急轉直下，在撐不下去時，我利用假日到夜市的餐廳當洗碗工。

我的想法是，臨演通告總是來得臨時，拍攝時間也不固定，會影響到房仲本業的時間安排，再來是我沒洗過碗，因此洗碗對我而言其實是新鮮的體驗。剛開始我洗得慢吞吞，不僅常常打破碗，也曾被破掉的玻璃杯割破手指，有次差點割到食指的動脈，血流如注，自己也嚇一跳。

　　除了這些職業傷害以外，我發現在家跟在餐廳洗碗的方式截然不同，因為餐廳永遠有洗不完的碗，尖峰時刻一旦速度慢了，就會迅速累積更多的碗，萬一拖到不夠讓後來的客人使用就會被老闆罵，因此我學到在時間壓力下快速洗碗的技巧。

　　當然，免費吃到飽是在餐廳打工的常態性福利，廚師們常常將好料拿來做「無菜單員工餐」，大家總是吃得津津有味，記得我結束洗碗工生涯後體重還增胖 3 公斤呢！

　　有趣的是，洗碗是一種重複且無須與他人互動，可獨立完成的制式動作。當「行為記憶」建構起來後，洗碗的當下，我總是 3 分精神洗碗，7 分腦袋放空與思考，藉此轉移白天的工作壓力，心靈意外獲得放鬆。

「照顧服務員」或許是時下較具附加價值的兼差

在各行各業都不景氣的現在，想要兼差打工的機會並不多，目前最常見的是當外送員，可說實在話，這份零工很難學到什麼，除非你是路痴想藉此搞懂大街小巷，但是在都市裡頻繁地騎車也是蠻危險的。

這時，我向你推薦一個不錯的兼差，是一位大學同學與我分享的，既可以當主業也可以是兼職，且只會越來越熱門，那就是——照顧服務員。

工作內容包括：身體清潔、日常照顧、測量生命徵象、協助進食、協助沐浴及洗頭、翻身拍背、陪同外出散心、協助排泄、陪同就醫等等。而且你還可以選擇哪些可以做，哪些不要做。

安全性：跟外送員比起來安全太多了。

薪水：比一般打工族還要高，時薪平均至少 220 元以上，還有額外的交通補助費可領，若當主業投入，月薪絕對超過

5 萬元！

門檻：只要上完照顧服務員為期 3 週的課程，待「長照人員卡」核發下來之後便可上工。

心靈成長：我同學說這份工作帶給她滿滿的成就感，因為照顧者與被照顧者之間沒有什麼階級關係，過程中，被照顧者會感謝你，他的家人們也會很感謝你，因為子女做不來的，你幫他們做了。我同學接著說：「我原本以為大概做 1～2 年就不會繼續做了，沒想到後來倒吃甘蔗，有次我幫一位奶奶洗完澡，她很誠心地對我說聲『謝謝』，我就很感動！我何德何能可以讓一位 90 幾歲的奶奶跟我說聲謝謝。」

談到這，你是不是也心動了？這跟外送員遇到奧客，嫌你服務態度差給負評，嫌你送太慢被客訴，相較之下是不是好太多了呢？

結語

從「投資人生」的角度來看，照顧服務員是一份安全，時薪相對高，且富有人生意義的兼差，說不定還因此與被照顧者的家人熟識，讓人脈獲得延伸，一石多鳥。

人生起起伏伏，有得意難免也有低潮，兼差不可恥，可恥的是自暴自棄、怨天尤人的「被害者心態」。記得，選擇高附加價值的兼差度過非常時期，除了賺錢也能藉機學習並累積資源。

你正處於負債嗎？勇敢的兼差吧！

_{ㄓㄨ} 你省下買房金

- 機會一直都在，只是挪移到別處了，與其老是停留在原地，期待事情有所轉變，不如及早行動，找尋下一個機會吧！

- 失去工作時，你可以傷心幾天，但不要抱怨太久，請將情緒設下停損點。

- 兼差很好，但體力要能負荷，不要做「本來就會」的兼差，選擇高附加價值的兼差，不必花錢學習，而是透過賺錢順便累積。

2017 年 02 月 26 日，我在「日本丸」饒河店的廚房擔任洗碗工。

第 21 招

寫作是培養能力，出書是一種投資

　　早期作家出書確實可以靠版稅賺取足夠的生活費，但現在如果單靠版稅收入維生，則可能會餓死。不過我仍鼓勵你出書，因為從投資的角度，出書所能獲得的延伸效益遠超乎想像。

當初怎麼會想出書？

　　我從小並不愛讀書，作文分數也沒特別高，坦白說，我沒想過自己有天會當作家。高中時期，我便有寫日記的習慣，做房仲後，我把日記轉換成案件檢討，無論租或售，失敗或成交，只要有值得改進的細節，我就把它記錄起來，就這樣，

這本「帶看日記」在毫無時間壓力下一寫就是 5 年多，直到有一天⋯⋯

某次聚會中，知名「包租公律師」蔡志雄（二哥）鼓勵我出書，認為我應該要把過去寫的文章整理成冊。但我沒有出書經驗，雖然被講到心癢癢的，卻數度懷疑自己是否夠格。不過我想說既然已經有足夠的文章量，不需從無到有，那還是試著投稿看看吧！

選擇出版社的歷程

我把書的內容整理好之後投稿到許多出版社，有些出版社說現在書市很差，要我自費出版；有些則是願意跟我各負擔一半的費用；有些覺得我的文筆「有待加強」。過程中數度受到打擊讓我有點患得患失，還好有朋友的鼓勵，我才有動力持續找尋伯樂。

終於，有兩家出版社願意幫我免費出書，一家是「S」，

一家是「Money 錢」。

S 出版社：名聲響亮，是絕大多數作家優先選擇的品牌，朋友聽到 S 與 M 時幾乎都要我選 S，但我反而沒有考慮 S，原因是 S 品牌旗下作家太多，行銷資源會被稀釋，加上我是菜鳥作家肯定不受照顧，且 S 的窗口表示，賣書本來就是靠作家的自媒體去努力的。

另外關於內容，S 的想法是直接「複製貼上」，還說既然是寫給房仲看的書，就直接叫《房仲達人的業務祕技》之類的吧！並跟我強調「工具書」若能賣到 3000 ～ 4000 本左右，已是很了不起的成績了！

Money 錢出版社：旗下作家幾乎都以股票、基金為主，似乎沒有房地產領域。另外，M 的行銷團隊給了我不錯的意見，建議我把買方、賣方、房東、房客這 4 個角色「分別該注意什麼」補充進書裡，讓它成為「不只是房仲，而是人人都需要」的書。

於是最後誕生了《一眼看穿房仲賣屋手法：讓房仲為你

賣命》這本書，書名也是從消費者的角度思考，事先還為書名做民調。而且 M 出版社還有月刊發行於各大通路（便利商店），也能順便幫高調我的書。

經上述比較與考量，我最後選擇「Money 錢」。

出書帶來的好處

當今網紅風氣十分盛行，但是你知道嗎？就算是知名 Youtuber 也無法僅靠百萬點閱率溫飽，就跟作家無法靠賣書的版稅生活一樣，但卻都可以藉此延伸許多效益。

以作家自身來說

版稅：通則而言，每賣一本書，作者大約賺 30 元，實質所得很勉強卻不無小補。

文筆大進化：不說大家肯定不知道，我人生第一本書的內容其實有被時任 M 的副總編輯「潤飾過」，因此書中的

文筆風格已不全然出自於我。這讓我想起投稿時有些窗口婉轉地說我寫的內容「還差那麼一點點」，頓時才恍然大悟，原來那所謂的「一點點」指的就是寫作功力。後來我做了一件事，我將書裡的每篇文章從頭到尾都重新打字一遍，才了解我有待加強的地方究竟在哪裡，也意識到我過往寫文章有個愛重複使用同義詞的毛病，修正後，文章的贅詞變少了，這樣的進步讓我感到開心。

自我複習時的新體悟：每本書都是作家日積月累的結晶，除了對讀者有幫助，作家自身日後翻閱所寫的內容，也會有溫故知新的效果，那是「現在的我用經驗」跟「過去的我用知識」交流的過程，那種驚喜感真的很棒。

伴手禮：我以前還是菜鳥時，接到客戶的邀約總厚臉皮兩手空空的去，但有些年紀後，每次拜訪沒帶點東西就覺得失禮了，卻也傷腦筋不曉得該準備什麼才好。自從出書後便再也不用煩惱，花錢買自己的書送人，對客戶而言不僅記憶深刻，也能提升在客戶心目中的專業形象，還能順便替自己增加銷售量。

出書的延伸效益

1. 演講邀約：因為我是以個人而非公司的名義出書，
所以即便當時我在「台灣房屋」，仍然有許多不同
房仲公司（住商、中信、21 世紀）的演講邀約。除
了能賺演講費，還可以順便賣書，在過程中也能鍛
鍊功力，每次與觀眾的交流都讓我又有新的啟發。

2. 上廣播與電視節目：過去我只是個時常接受記者訪
問的新聞咖，出書後開始有上廣播電台的機會，例
如：夏林姐、羅際夫（基金姐夫）的邀約。也感謝
時任東森財經台節目製作處總監（隋）安德哥的牽
線，讓我一度時常上談話性節目成為受邀來賓，這
些都是額外的知名度提升與通告費收入。

3. 業績提升：最經典的故事莫過於佼哥（黃子佼）。
當時佼哥主持一個益智節目叫《R U Game 大家一
起來 2.0》，其中一集的來賓鎖定剛出書的作家，而
二哥（蔡志雄）接到通告後便詢問是否有多的名額，
並推薦了我。

　　就這樣因緣際會認識了佼哥，謝謝他願意給我服務的機會，不僅透過我買到房子，也將之前住的房子委託我賣掉，光是這2筆一買一賣的服務費，就大幅加快了我還債的腳步。我期許自己早日做到佼哥的座右銘：「當你有能力的時候，想的不再只是得到，而是付出。」再次感謝佼哥與二哥，您們都是我生命中的大貴人！

　　我想出書是許多人都有的夢想，但築夢必須踏實，絕對不能因此影響生計甚至負債，在糧草足夠的條件下再去追求夢想，才是值得鼓勵的事。畢竟現在已很難靠賣書維生，在文章累積的過程中，不僅得消耗大量精神，還要捨棄許多工作及陪伴家人的時間。所以，善意提醒，「哇！你出書耶，『送』一本來讀讀啊！」這是能立即惹怒作家的一句話，千萬別開口，作家寫書是很辛苦的。

　　當今風氣，即使作家擁有知名度也無法保證銷量，因此，若你不夠有名，取書名時建議別從「書的內容」來取名，而該從「讀者」的視角去命名。隨著人類的閱讀習慣改變，紙本弱化已不可逆，但若要做到「深度閱讀」，紙本的地位依

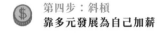
舊無法被取代，縱然書市已是夕陽產業，但需求永遠存在，何況對現代作家而言，出書只是手段，延伸效益才是目的。

利用深度工作模式提升效率

對現代人來說，在手機等 3C 產品的干擾下，專心已經是一門專業，專注寫作更是充滿挑戰的一件事。以我寫「你正在看的這本書」為例，我都是利用晚上 8 點同事下班後，僅剩我在公司時，制定一個大約 1.5 小時不被聯繫的斷網時段，並維持一年閉關寫作。

這種「深度工作模式」建議你也可以試試看，你將發現，凡是需要專心才能完成的事，必將是越具價值的事。當你完成嘔心瀝血之作時，如同懷胎 10 個月生下寶寶的母親，那種成就感難以言喻，快樂也特別持久。

我人生的第一本書，出版社是 Money 錢。

佼哥（黃子佼）與我

第五步

置產

買房的心路歷程

第 22 招

房仲買房初體驗（上）
買一間會省錢的房子

「如何買到便宜的房子」並非我的強項，因為太便宜我也不敢買。由於我打算長期置產，把買房當存錢，所以關於「如何買到會賺錢的房子」也沒想那麼多；可要是說到「如何買一間會『省錢』的房子」，這我可就拿手多了。

首先我把預算確定下來：1000 萬元內含全部花費。意思就是含服務費、代書費、契稅、履約保證費用等等，最多不超過 1000 萬元。換句話說，成交價最多介於 950 萬元上下，在這樣的預算前提下，再設定其他條件。

電梯

台灣人口高齡化，新房子都已強調無障礙空間，因此「電梯」不僅是趨勢，更是最基本的條件，而無電梯的老舊公寓等於是逆勢而為。可是我又同時受限於預算考量，讓我只能選擇小套房。

有人質疑，套房那麼狹小，這樣好嗎？其實我一點也不擔心。理由是，我在最刻苦時曾經住在僅 5 坪的隔間套房長達 3 年多，至今我租的房子使用空間含陽台也才接近 10 坪而已。所以，我的觀念是：再小的房子肯定都有人住，尤其在高房價的都會區。

從省錢的角度，套房跟公寓相比空間較小，裝修成本較低，家具、家電添購的花費也較少，由於先天性收納空間不足，日後買東西的慾望也會「被迫克制」。

就房屋稅而言，公寓雖然趨近於零，但土地持分較多，地價稅較高；相較之下，套房的建物跟土地坪數都很少，所以房屋稅與地價稅都不高，每年的持有成本較低。除此之外，

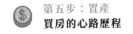
套房的社區管理費也比較便宜，卻還是能享有管理員與垃圾處理等服務，另外，水、電、瓦斯的消耗量也會比大空間的公寓來得少。

天然瓦斯

9成的套房社區都是規劃電熱，試想，如果連煮飯、洗澡都要用電，那電費計價「級距」就很容易往上跳；相反的，如果煮飯、洗澡可以用天然瓦斯，自然能將電費的級距拉低，因此我不太考慮純用電的社區。

不過我知道買房總是要妥協，所以，我可以接受廚房用電，但洗澡堅持用瓦斯。因為我遇過太多案例，包含自己也曾住過電熱水器的套房，往往洗澡洗到一半熱水就不夠用了，在冬天尤其惱人！

總之，讓瓦斯幫電分擔辛勞，除了讓電費維持低級距之外，同時多了一張繳費收據，也就多一張發票可以對獎喔！

採光至少 2 面，廁所需開窗

通常套房的採光只有一面，由於室內面積不大，白天原則上不用開燈，長期下來也能省下不少電費。只是，空氣無法對流往往是套房的缺點，這只能靠空調解決，所以我很堅持兩面採光，而要符合這樣的條件往往只有「邊間戶」辦得到。空氣流通，住了才健康，室內也會比較涼爽，冷氣的開銷無形中亦會降低。

另外，我堅持廁所開窗，這樣比較能保持乾燥，雖然可以安裝暖風機解決，但暖風機也要用電，這不又是額外的花費嗎？所以，有開窗的廁所是天然又省錢的乾燥方式。

衛浴不需要浴缸

我發現浴缸總是在一開始特別迷人，但根據我的經驗，一年中使用浴缸泡澡的頻率極低。而且萬一發生漏水，有浴

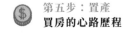
缸的廁所在修繕上很麻煩。

另外，以洗澡的時間來說，淋浴肯定比泡澡短，洗澡所花的時間越少，瓦斯、水、電費也就越省。

近捷運

逐捷運而居的軌道經濟已是趨勢，若房子的地點至捷運站步行時間超過 10 分鐘，甚至是要搭接駁公車才能抵達，未來不僅難以保值，脫手性也會越來越差。

因此，如果是台北市，我可以接受步行至捷運站 8 分鐘內的房子；如果是新北市，則必須控制在步行 5 分鐘內可以抵達捷運站。

不買毛胚屋

我不偏愛精裝，因為過多的裝修不僅會反映在賣價上，還可能有一時沒注意到，或被隱藏起來，等入住後才發現的缺點。

但我絕對不要毛胚屋，因為交屋後房貸就開始計算了，時間就是金錢，我無法接受一邊繳房貸還要一邊花時間、花錢裝修。

警衛管理可有可無

我可以接受沒有管理員的華廈，因為台灣的治安算好，而且沒有管理員的社區也會安裝監視器輔助。

但如果社區有配置管理員，我偏好二度就業的退休老伯伯任職。依照我的經驗，那些號稱高級的物業管理，太過嚴謹，規矩過多，往往對住戶或拜訪的友人造成干擾。相反的，

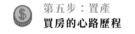
有個退休老伯伯幫忙看顧、整理信件、收發包裹就足夠了，而且管理費也比較便宜。

垃圾處理可有可無

有，會反映在管理費上；沒有，就配合環保局的垃圾車時間。或許剛開始會覺得有點不方便，但久了，習慣就好。

屋齡盡量新

台北市：不限，雖說地震很恐怖，但至今還不是一堆古蹟沒倒。我想，只要當初蓋得好，應該就還好，當然這也跟我的預算有關，不然我也希望能買新一點。

新北市：只買 921 大地震之後，建築法規修改過後才蓋的房子。畢竟都買在新北了，條件當然要比買北市嚴格一點。

堅決不要夾層

我還是菜鳥房仲時，看到夾層屋總是特別喜愛，因為那是多出來的使用空間，格局有新奇感，許多年輕人也都偏愛「魔術空間」的夾層屋。

只是隨著年紀增長，我的喜好也跟著改變，加上過往的經驗，有夾層的房子偶爾讓我不小心踢到樓梯，爬上去時偶爾撞到頭，那種連伸個懶腰都被侷限住的擁擠感讓我無法放鬆。如果連在家都覺得拘束，又如何愛上回家？

回家就是要休息，要上夾層處就得爬樓梯，有樓梯就必須小心翼翼以免腳踢到、絆倒、摔倒而受傷；縱然是挑高 4 米 2 或 4 米 5 的房子，人在夾層處雖可站直無須蹲爬，可是單層高度不夠會有壓迫感，手往上伸就會摸到天花板，越想越不愛。

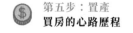
後記

　　2020 年 7 月 28 日，是我考取營業員證照也就是從事房仲滿 10 年的日子，在這個特殊意義的日子，我想買間房子留念。由於我希望簽約日就訂在 7 月 28 日，所以是屬於非買不可的剛性需求，因此絕對不會出芭樂價，縱然找不到非常滿意的，我也會從不滿意的房源中挑出一間可以接受的。至於最後我會買在哪裡？我也不知道，一切就看緣分。

毛胚屋

夾層屋

第 23 招

房仲買房初體驗（中）

從找房到買房，像極了愛情

　　一直以來，我都是以房仲的身分教客戶怎麼買房，但自己若沒有買房經驗，從業多年仍只是租屋族，對客戶而言好像也少了點說服力。而歷經 10 年奮鬥，終於輪到自己要買房啦！你知道身為「房仲」與一般民眾在購屋的邏輯上有什麼差別嗎？

房仲買房的好處

　　一般來說，如果有買家透過我去買同行（住商、中信等加盟體系）的物件時，業績算法是將買賣雙方所支付的服務

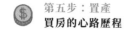

費加總後對拆，再由各自店頭的獎金制度撥款給業務員。舉例：A 買家透過甲房仲找房，後來買到乙房仲刊登的 B 物件時，A 買家支付的 2%加上 B 賣家支付的 4%，等於總共 6%的服務費，再由甲、乙房仲對拆業績各 3%。

　　而號稱「省錢達人」的我，當然要去尋找看看有哪家房仲店頭願意將「一個我」切割成「房仲」與「買家」來看待囉！換句話說就是「房仲阿源」帶著「買家阿源」去看房子，倘若這樣的模式可行（簡稱「店配」），「買家阿源」所支付的服務費還能部分回流到「房仲阿源」身上。

　　這就跟保險業務員用自己的證照買保險，獎金回流到自身一樣，而買房服務費的回饋金額應該是各類業務中最多的！這樣不僅能替自己省下一半的服務費，還能將業績報回公司賀成交，所以我在看房前一定只鎖定願意採「店配模式」的房仲公司。

房子對了，人不對也沒用

前面提到我原本預計要在 2020 年 7 月 28 日買到房子，目標當天簽約，因為那是我從事房仲滿 10 週年的日子。

一開始，我直接找屋主談，物件是位在中山區的「雷字號大廈」，因為我就住在那裡，想說若買到便能就近管理十分方便。可惜，釋出的物件不是格局怪，就是陽台加蓋導致與對面大樓超緊鄰，一伸手就摸得到對面住戶的窗戶，光線整天都進不來毫無日照可言。雖然還是有出價談，不過屋主一副嫌我出價低的態度，還一直強調「快賣掉了」看我是否會加價，感覺有點差便算了。沒想到，我都已經買到房子，甚至出書了，他還是沒賣掉。

後來，我透過同事出價談文山區景興路的「台大新生活廣場」高樓邊間戶，這是我心中接近 90 分的物件，可我出價已是近年實價登錄第二高，卻只出到屋主的「實拿價」而已（不含服務費）。我深信「有錢不怕買不到」於是再度作罷，事後冷靜思考，我在景美看二輪電影也快 20 年了，

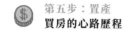
文山區的市容基本上沒什麼變化，買在那裡頂多是置產當存錢，不用期待增值，沒買到也好。

之後，我請 21 世紀的同行幫我出價談萬華區開封街二段的「開封龍邸」高樓邊間戶，這間房子各方面條件都只讓我勉強接受，像是電熱無瓦斯、屋況頗糟一定要花幾十萬元整修，加上屋主出售心態接近實價登錄史上最高價，最終因不想被當盤子而 3 度作罷。

接著，我跟台灣房屋的同行下幹旋談中山區民生東路一段的「金山惠安」，屋齡縱然超過 40 年，但公設比低，室內使用空間大，覺得很划算（現況為 1 大房 2 廳）。樓下雖是酒店看似龍蛇雜處，入口處卻有住商分流，前棟與後棟的動線規劃，陽台看出去又是公園第一排景觀。尤其是一層共用 3 部電梯，每部都跟貨梯一樣大，公設區域含走道間也格外乾淨，顯然住戶在維持社區的單純與整潔有高度共識。可惜屋主想賣天價，屋況也需要重新整修以後才能住，所以 4 度作罷。

然後，我又看到一間位在內湖區成功路四段的「力霸成

功大廈」高樓邊間戶，A 仲介開發後告訴我「屋主說他根本不想賣」，純粹是因為 B 房仲有進案壓力，所以才簽委託讓 B 對店長有交代，後來我又委託 C 房仲再去試探一次，沒想到 C 直接跟我說那間出行情價是絕對買不到的，便 5 度作罷。

由於實在是找不到心儀的物件，有出價談的卻因為屋主的價格心態過高而放棄，最終沒能如期買到房子，雖有些遺憾，卻也不再糾結這個無謂的紀念日，讓我之後找房反而理性許多。

在妥協中讓房子找到你

我知道，世上沒有十全十美的房子，假如有，唯一不完美的就是價格。於是我開始檢討我的購屋 10 要件：

1. 要有電梯。

2. 垃圾處理。

3. 天然瓦斯。

4. 不要夾層。

5. 有管理員。

6. 兩面採光，廁所開窗。

7. 至捷運站步行 8 分鐘內。

8. 要有能放洗衣機且能洗衣與曬衣的工作陽台。

9. 預算 1000 萬內全含，包括服務費、契稅、代書規費、屋況整理費等。

10. 不要五木門牌（林森北路），若是新生北，景觀也不能是高架橋第一排。

　　後來，我捨棄了條件 3、7、10。理由是，小坪數使用明火煮飯的確蠻危險的，洗澡容易冷就買公升數大一點的電熱水器便可解決；只要在台北市區，縱然至最近的捷運站步行超過 8 分鐘，生活機能也不會太差；我承認明水路聽起來比較高級，但門牌不過就是名稱而已又何必太在意？

　　當我將購屋需求放寬後，又在市場上重新找一輪，終於找到了一間林森北路門牌，社區名叫「千○○」的套房，便與刊登廣告的房仲聯繫預約看屋，接著展開後續洽談，最終

買到我人生的第 1 間房子！

缺點的背後是優點

坦白說，這間房子我並不喜歡，一來是我對林森北路門牌有既定的負面印象，二來是管理費 1 坪 150 元頗貴，再來公設比 36％讓我不太能接受（我希望低於 33％），最讓我抗拒的，是它的三角梯形格局。因此，我試著逆向思考說服自己……

門牌：不過是個名稱，何況地點並非在燈紅酒綠的道路，縱然至捷運中山及雙連站走路要 10 ～ 12 分鐘，但生活機能仍相當成熟，走到最近的公園及全聯皆不用 2 分鐘，環境熱鬧卻不複雜。

管理費與高公設比：這皆因社區戶數少，在小套房為主的社區中，10 棟大樓至少有 8 棟是一層超過 10 戶以上（有些甚至超過 20 戶）！因此「千○○」規劃單層僅 6 戶相對

單純且稀有，而建商當初是為了要符合消防法規（8 樓以上雙梯，11 樓以上需設置排煙室），才導致公設比較高，這都是為了讓住戶更安心，反而是個優勢！

格局：因為「千○○」的結構採「SC 鋼骨」才導致邊間戶呈三角梯型，要知道 SC 不僅耐震，且小套房社區中採鋼骨結構的極少！而先天格局的缺陷可以透過後天的裝修與家具擺設來解決。

更重要的是「廁所開窗」，一般套房社區只有邊間戶才有機會，「千○○」也是，雖然夾在中間的戶型格局方正，但卻只有單面採光（空氣不流通），且廁所無窗（濕氣重），因此拿格局換通風及採光，絕對是划算的取捨！

就這樣，想著想著也就接受了。

人在找房子，房子也在找人

看了一輪房子之後突然覺得買房跟談戀愛有點像，在找房（心上人）的過程中，有時看不上眼（不是我的菜），有時看上了卻買不起（覺得高不可攀），有時看「照騙」會錯意，到了現場才發現浪費時間。有時你喜歡這間房子（認定交往對象），偏偏屋主（愛人的父母）看不上你（嫌棄嫁妝太少），或惜售而反對這樁喜事（覺得你是癩蝦蟆想吃天鵝肉，怕你糟蹋他的孩子）。

最終，買到並長久居住的房子（與你結婚白頭偕老的另一半），往往不是你最愛的那一間（那一位），卻是你越看越順眼的房子（愛人）。

對首購族來說，「先求有，再求好」才是上策，如同初戀者，先試著跨出交往的第一步，相處過後覺得適合再論及終身，如果不合只好再賣掉（離婚）囉。只是萬萬沒想到，我人生的第一間房子竟然是一開始相當排斥的林森北路，只能說是緣分啊！

買到房子固然是喜事一樁，接踵而來的問題都是新的學習。在之後的簽約、交屋、申請房貸，我是如何與銀行交手呢？這又是另一則故事了。

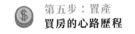

你省下買房金

- 沒有 100 分的房子，買房條件終究要妥協的。

- 凡事一體兩面，房子的缺點也可以看成優點。

- 好房也需搭配出售心態成熟的賣家，秉持積極又隨緣的心態，讓房子找到你。

- 根據研究，多數有錢人會善用自己的專業或事業來幫助投資，房仲用店配模式買房將業績回流到自身亦是其中一種。

廁所開窗

可以放洗衣機與曬衣的工作陽台

三角梯形格局

第 24 招

房仲買房初體驗（下）
與銀行打交道——零底薪的財力培養法

買房除了自身的喜好及挑房哲學，買房之前如何培養財力證明以爭取優惠房貸更是重要！尤其我買的是限制更嚴格、權狀未達 15 坪的套房，讓我來分享與銀行交手的過程中，究竟有哪些眉角是要特別注意呢？

堅守預算上限

雖說買房是一個妥協的過程，但有些底線不能退讓。以條件設定來說，過去我（房仲）都以「符合客戶需求」找房，預算其次，畢竟出錢的不是我，何況買家通常對房仲也會有

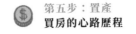
所保留，所以剛開始我總會介紹價格超出一點或接近上限的房子。

如今換成我是買家，反而以「預算」為最優先前提。一朝被蛇咬，十年怕草繩，投資是該有壓力，但不該壓得讓人喘不過氣，我曾經高估自己的賺錢能力，買了高額儲蓄險，帶來長達 6 年的自虐式生活，但我不願再為了置產而影響生活品質。因此我堅持預算不調升，改放寬其他條件後繼續找房，畢竟銀行最後給我「搞什麼花招」我不會預先知道，唯有保守評估才能守住安穩的心。

談到房貸，主要分 4 大項目：還款年限／年期、貸款成數、房貸利率、只繳利息不繳本金的寬限期／寬緩期。以我從業 10 年的心得，影響這 4 個項目的因素，屋況其次，購買人本身才是重中之重！

如何讓銀行看得起你？

還記得 2013 年「頂新魏家買帝寶貸款 99%」的新聞嗎？那時因為還沒有「豪宅限貸令」（台北市總價超過 7000 萬元以上房貸上限 6 成），所以再天價的豪宅也能跟普通住宅一樣最高貸款至 85 成，而頂新魏家的財力已經大到銀行不怕它倒，又渴望賺取客戶的利息，兩情相悅最終取得超優惠貸款成數。

我想表達的是，房子條件再爛或是總價超高，導致銀行不願意放款太多時，如果購買人的財力證明夠雄厚，通常貸款仍不是問題。然而，每個人的工作性質不同，培養財力證明的方法自然也不一樣。

以我為例：我待的公司規模並不大，又是零底薪的業務型態，像我們這種人在買房時，銀行給的條件通常不太好，所以我努力在其他財力上培養證明。除了買房自備款的活存加定存共上百萬元，長達 1 年以上的時間維持有增無減的趨勢；還有 2 張在 2018 年已繳清的 6 年期高額美元儲蓄險保單，

且不解約亦不申請保單質借；以及每月的信用卡帳單都繳清不拖欠，也沒使用過最低應繳金額，維持零負債及良好的信用評比。

我發現，現代銀行普遍已與時俱進，知道許多行業看的是「年收入」而非「固定月薪」，所以在申請貸款時，有的專員甚至不要求看存摺，而是請我簽名授權，讓銀行直接向國稅局調閱我近 2 年的年度綜合所得稅申報紀錄。

像我接觸的其中一位房貸專員甚至挑明講，縱然我能提供每月穩定且高額的薪資證明，他們也會因為我的職業是業務員而不採信。講更直白點，對於收入不穩定的職業，如果希望爭取好的貸款優惠，財力證明必須在「年度綜合所得稅申報紀錄」且「2 年前」就開始培養！

還款年限

目前市面上主要有 20 年期及 30 年期兩種，有的銀行為

了搶客甚至推出 40 年期專案,而還款年期的長短,攸關屋齡與購買人的年紀。

以人來說(通則非一定):銀行會以法定退休年齡為依據(也就是 65 歲),假設購買人年紀低於 25 歲,那麼 65 - 25 = 40,也就可以爭取到 40 年房貸。假設購買人年紀已達 40 歲,那麼買房還款年限最長就是 20 年了。

以房來說(通則非一定):銀行會以行政院頒布的「固定資產耐用年數表」為依據判斷房子的壽命。加強磚造為約 35 ~ 40 年,RC(鋼筋混凝土)、SRC(鋼骨鋼筋混凝土)、SC(鋼骨)的耐用年限為約 50 ~ 65 年。算法跟人的退休年齡一樣,簡言之,屋齡越新,貸款年限越長。

以我為例:我買的是 SC 結構,屋齡約 10 年的房子(代表建物壽命還有至少 40 年),雖然我已 37 歲(距離法定退休年紀尚餘 28 年),但由於我具備「首購」身分,所以銀行經綜合考量之下仍願意給我 30 年期。

要注意的是,雖然年限拉長讓每月繳款的負擔變輕,但

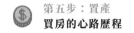
銀行賺的利息也就越多。所以我的策略是，30 年期方案的目的是為了減輕每月的繳款壓力，但不代表真的要繳滿 30 年，只要有賺到較多的獎金或意外之財就早點繳清。因為時間可以換取金錢，但是再多的金錢也買不回已經消逝的時間。

貸款成數

一開始，我找的是中國信託，才知道原來它們不承作套房，縱然我是 VIP 客戶，最高也只能貸 6 成，後來換國泰世華，沒想到它們最高能貸 85 成，這樣一來一回就差了 25%，也就是將近 250 萬元的自備款！

不過每家銀行的政策都不同，且每年都在變動，今年國泰世華銀行承辦小套房最優惠，並不代表明年也是喔！

房貸利率

每家銀行略不同，甚至同一家銀行會出現 2 種方案。像我選擇兆豐列為我申貸的銀行之一，核貸下來後竟端出 2 種方案讓我選擇。

方案 1：貸款 7 成，利率 1.48%，無寬限期。

方案 2：貸款 8 成，利率 1.31%，3 年寬限期，但要加收 1 筆 48600 元的房貸型壽險。

起初，兆豐為了引誘我找它們申貸，只講方案 2 卻絕口不提「房貸型壽險」，直到核貸下來後才說因為我買的是套房，加上我本身是零底薪的業務等因素，因此必須加保才可以啟動方案 2。原本我被唬住了，後來問朋友才知道，這筆費用其實在一開始申貸時就該讓客戶知道，當然也有可能是我誤會兆豐了，所以我要苦口婆心勸讀者，不管如何，買房一定至少要找 2 家銀行，貨比三家不吃虧。

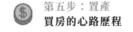
寬限期

還沒有買房經驗的人，或許只知道寬限期的意思是只繳利息不繳本金，但這樣代表你並沒有完全搞懂。

以 20 年期搭配 2 年寬限期來說，我發現有人竟誤以為是頭 2 年只繳利息，等 2 年過後再啟動 20 年的本利攤還，也就是 2 ＋ 20 ＝總共 22 年。正解是，頭 2 年只繳利息，剩餘的 18 年本利攤還；換句話說，原本可用 20 年攤還的本金，卻因為寬限期導致剩下的 18 年都要多繳一點錢，先樂後苦的概念。

我要強調，這並無所謂對或錯，只是偏好使用寬限期的人與我觀念不同罷了。以我朋友為例：他的房子價值 1000 萬元，月租金行情約 2 萬元，如果啟動寬限期，每月只需負擔約 1 萬元利息，只要寬限期一到，就轉貸（換銀行）並持續使用寬限期，就這樣無限循環，他可以永遠不繳本金，每月只付 1 萬元的利息，就能住在月租行情 2 萬元的房子裡，如果有閒錢，還可以去享樂或投資。從這個角度看，買房似

乎比租房划算，差別只在能否湊出自備款而已。

最後我選哪種方案？

兆豐的方案 2：貸款 8 成，利率 1.31％，3 年寬限期，房貸型壽險 48600 元。

國泰世華：貸款 85 成，利率 1.31％，無寬限期。

以上是銀行核貸下來的 2 個方案，最後我選擇了國泰世華，而我的想法是這樣的。

如果選兆豐，代表未來 3 年期間我可以光靠月租金 2 萬元去繳 1 萬元的利息，每月還有 1 萬元零用錢可花用，同事也附和說：「3 年很長，3 年內會發生什麼事不知道，只繳利息，及時享樂，等 3 年後說不定房價漲了，到時再賣掉，獲利了結，豈不爽快！」聽起來似乎很有道理。

只是，寬限期並不符合我的價值觀。一來我的個性偏好

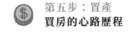
「先苦後樂」；二來這是我人生的第 1 間房子，算是「起家厝」，我本來就打算長期持有；三是我把買房當存錢，所以沒有不繳本金的打算；四是小套房可以貸款 85 成，且不需購買房貸型壽險，某個角度也算證明自己的財力被銀行認可的里程碑。

還有 1 個觀念也很重要：只做自己擅長的投資。我的強項就是不動產，如果我把閒錢拿去轉投資不擅長的股票或其他，反而可能虧錢。寬限期會讓人留下更多的現金在身上，而閒錢越多則越想作怪，這是人性。既然這樣，不如一有閒錢就乖乖提前繳清房貸吧！

原來房貸是好壓力

租房子就好比與人交往，相處不來（住不慣）就換一個，挺自在也蠻自我的；買房子感覺像是生小孩，朋友們都會恭喜你母子均安（買房），你卻老想著將來要背負孩子的生活

開銷（背房貸），壓力也隨之而來，這也許是有些人罹患所謂「產後憂鬱症」的原因吧？

其實我自己也察覺到，無債一身輕並有了閒錢後，我的情緒管理變差了，做業務開始有些隨興，這並不利於我的事業，這也是我想藉著背房貸重回負債狀態的動機之一。而從交屋的那一刻起，我意識到責任感提升了，遇到奧客時也變得比較有耐心，為人處事圓融了起來。

常有人問我：「到底租房好還是買房好？」過去沒買過房子的我，會客觀地分析兩者的利弊讓民眾自行判斷，因為這不過就是個人選擇而已。如今，若再問我同樣的問題，我的答案肯定是買比租好，因為，適度的房貸壓力可以逼自己成為更好的人。

後記

對於買房經驗不足的首購族來說，預算拿捏的太剛好，

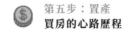
或是過分樂觀讓自己深陷經濟壓力是常犯的毛病。而買房除了自備款之外還有哪些費用呢？以我買的房子權狀 14.39 坪，總價約 1000 萬元來說。

契稅 29574 元、印花稅 3957 元、實價登錄費 1500 元、地政規費（過戶）5961 元、地政規費（貸款）10008 元、貸款設定費 1 筆 1 棟 5000 元、申請銀行貸款的開辦費 3000 ～ 5000 元、代書費（土地所有權過戶）1 筆 7000 元、代書費（建物所有權過戶）1 棟 7000 元。

上述這些稅費加起來大約 7 萬元，如果再把交屋後的屋況整理（非裝修）費用算進去，差不多就是買房總價的 1 ～ 2%。因此請記得，除了自備款及 2% 買方服務費之外，還要再預留至少 2% 的現金喔！

你省下買房金

- 無債一身輕,活得最自己,適度的房貸壓力則讓你變得更圓融,更有責任感。

- 每月房貸金額應控制在家庭所得三分之一水位,不要超出太多,以免影響生活品質。

- 預算堅守上限,自備款保守備足,避免發生貸款成數上不去,還得籌措現金的窘境。

- 零底薪的財力證明培養法:首重連續 2 年之年度綜合所得稅紀錄,其他財力證明則多多益善。

- 房貸專員為了引誘你申貸,往往最初口頭承諾的跟最後核貸下來的結果不同,申貸時請務必至少找 2 家銀行比較。

- 寬限期是投資客用來財務槓桿,短期操作的工具,若你屬於中長期持有,把買房當存錢的自住客,寬限期則未必需要。

- 把還款年限拉長的目的，是為了每月輕鬆繳款，但有多餘的閒錢則建議提前繳清，而非「背著房貸轉投資」，拖越久，銀行賺的利息越多。

買 方 費 用 預 收 明 細

- - - - - - - - - - - - - - - - - -

台端辦理【台北市林森北路 ▓▓▓▓▓▓ 】買賣案之預收費用

明細如下：

(一)	契稅	新台幣	29574 元
(二)	印花稅	新台幣	3957 元
(三)	代書費(土地所有權過戶) 1 筆	新台幣	7000 元
(四)	代書費(建物所有權過戶) 1 棟	新台幣	7000 元
(五)	貸款設定費 1 筆 1 棟	新台幣	5000 元
(六)	地政規費(貸款)	新台幣	10008 元
(七)	地政規費(過戶)	新台幣	5961 元
(八)	實價登錄費用	新台幣	1500 元

※共計預收稅費新台幣 70,000 元整

屆時待交屋時，以政府機關開立收據，多退少補之，謝謝您!!

買方費用預收明細：7 萬

好多的感謝

結語

2021 年 4 月 8 日週四上午，與出版社開完線上會議之後，得知要補一篇結語，好為本書劃下一個完美的句點。可我想破頭，始終沒感覺，無法落筆，直到 4 月 10 日週六，我利用週末爬山的機會，終於把靈感給「爬」了出來。

我突然想到，我都還沒有好好地道聲感謝呢！

感謝「遊讀會」團隊，David 哥的統籌，行銷團隊的企劃，編輯團隊的潤稿及設計，沒有您們的幫忙，這本書就不可能以如此華麗的狀態登場。還有在中視擔任攝影記者超過 25 年資歷之我最親愛的（張）召朋大哥，感謝您情義相挺協助拍攝封底形象照，對您大材小用實在拍謝啊！

感謝跨界王／佼哥（黃子佼）、天后級主持人／觀姐（陳凝觀）與地產東方龍／王（棟隆）董事長的掛名推薦，也感謝二哥蔡志雄、四妹佑佑（林帝佑）及沐妮老師願意抽空寫序，有您們的加持，使讀者更加信賴這本書進而購買閱讀。

感謝曾經或現在讓我「寄生公司」的老闆們，不僅讓我省錢，也讓我持續透過房仲本業加速累積財富。

感謝無緣聯繫上的暢銷書作家艾爾文，雖然始終得不到回應，但我還是要謝謝您，尤其我每月閱讀 1 本書的好習慣，是在看您的 Youtube 頻道後被啟發的，我花了 1 年多的時間一邊閱讀一邊寫作，讓這本書同時充滿了我閱讀過後的元素與能量。

感謝家人，尤其是媽媽，始終做我最大的靠山，讓我每每跌倒了都還有力氣再爬起來，真的是世上只有媽媽好。希望我早日靠自己的能力達到財富自由，將來有更多的時間可以陪伴家人。

感謝書中的每個角色，若沒有與你們產生交集，我也寫不出這本書。好的讓我珍惜，壞的讓我學習，通通都是我成長的養分。

至於讀者，我想說的是：「犯過的錯，我絕不再犯，還沒誤踩陷阱的你，是否能藉由在書裡遊覽一回後而不貳過呢？若你能做到，我也算功德一件啦！」

靠著行為記憶爬山，靈感來了，就停下腳步，趕緊用手

機打字記錄，就這樣，一步步，一字字地架構，終於，爬上
了山頂，也完成了這一篇感謝。

省出一棟房

24招易上手的存錢絕技

作　　者／陳泰源

發 行 人／林育申

總 編 輯／曾而汶

專案管理／王玫瑜

文字內容／杜佩軒

視覺設計／陳晏秋

行銷統籌／蕭仔庭

Ｉ Ｓ Ｂ Ｎ／978-986-06281-1-1（平裝）

定　　價／新台幣 300 元整

出版時間／2021 年 6 月 首刷

出版發行／台灣遊讀會股份有限公司

電　　話／02-22999770

e - m a i l／service.youduworld@gmail.com

地　　址／新北市五股區五權三路 22 號

國家圖書館出版品預行編目（CIP）資料

省出一棟房 ： 24 招易上手的存錢絕技
／ 陳泰源著. -- 新北市 ： 台灣遊讀會
股份有限公司, 2021.06
　　面 ；　公分
ISBN 978-986-06281-1-1（平裝）

1. 理財 2. 投資
563　　　　　110006844